読み聴かせの奇跡

――発達障害児の子育て

森川ひろ子

文芸社

まえがき

『発達障害』への理解や対応が、学校や社会全般でまだ進んでいなかった時代、母親たちは家族にさえ理解を求めることが難しく、育てづらい子どもを抱え一人悩み、苦しみ、涙を流しました。私もまた、その中の一人でした。

当時と比べると、今では『発達障害者』への対策は教育の場でも飛躍的に進み、『発達障害』という言葉も社会に浸透しました。しかし、だからと言って本人や家族の苦しみが、なくなった訳ではありません。今もどこかで一人悩んでいる母親がいると思うと、とても他人事《ひとごと》には思えません。

発達障害は脳の機能障害であり、乳幼児期に症状が顕在化しているものを指すと定義されていますが、個人的要因だけではなく、それに加えて環境的要因や社会的要因が重なった時に、症状として現れてくると言われています。つまり、発達障害と診断された子どもにだけ問題があるのではなく、その子に合わない環境や社会的通念が症状を悪化させてしまっている可能性があるのです。ですから、社会的に許される範囲で一人ひとりに合った生き方を見つけていくことも、対策の一つになります。

今ある環境と適応しづらい特徴との折り合いをつけながら、どう成長させてやるか、それには周りの大人が心のゆとりを保っていることも大切な要素です。大人がイライラしていては子どもを導いてやれないことも、忘れてはなりません。

私たち親子は、これらの課題を『読み聴かせ』によって同時に解決することが出来ました。『読み聴かせ』の力を信じ、十年という長期間にわたり子どもに聴かせ続けた結果は、子どもはもちろんのこと、母親である私自身にとっても、期待した以上の実りあるものでした。

従来『読み聞かせ』と書くところを、私は『読み聴かせ』と書きました。それは心を込めて語るということの大切さを込めたかったからです。

昔は、子どもを夜寝かしつける時、子守唄を唄ったり寝話をするのが当たり前でした。そのような親子のあり方は『絵本の読み聴かせ』という形をとって、現代も生き続けています。その大切さを改めて考えてみる良い機会にもなると思い、出版を決意致しました。

私のつたない文章が、同じ悩みに苦しんでおられる母親や家族、また教育に携わっている方々に、少しのヒントになればと願いながら精いっぱいに書きました。お役に立てれば幸いです。

目次

まえがき　3
1　読み聴かせのきっかけ　7
2　小一で発達障害の診断を受ける　22
3　行動療法と一円玉学習　40
4　母子ともに読み聴かせの効果が出る　63
5　穏やかな子育ての日々　77
6　たった一人の請願行動　91
7　障害者から健常者へ　110
8　社会人への壁　125
9　昔話と発達障害　133
あとがき　145

1　読み聴かせのきっかけ

昭和の終わり頃、私が初めての出産を経験した頃は、各家庭にテレビゲームが普及し始め、それを機に子どもたちの遊びは大きく変わっていきました。私たち大人は、子どもたちがまるで自分の手足のようにゲーム機を操り、画面を凝視してゲームに興じる姿に、感心したものです。

同じ頃、子どもが学校へ行かなくなる現象として『登校拒否』という言葉が使われるようになりました。それは、私たち親の世代が「ズル休み」と呼んでいたような軽いものではなく、深刻な状況であるらしいことも、徐々に社会に浸透していきました。

その一方で、『早期教育』が流行りだし、テレビやマスコミにも大人顔負けに方程式を解いたり、ピアノの演奏をしたりするような子どもたちが登場しました。この子どもたちが成長したら、どんな立派な大人になるだろうと、人々は驚きました。

出産を控えた私も早期教育に興味を持ち、

「子どもが生まれたら何をさせようかしら?」と期待に胸を膨らませていました。

初めての出産ということもあって生後一ヶ月まで実家で過ごした私は、赤ちゃんを連れて家に帰ってきました。その時、私はふと「こんな小さな生まれたばかりの頃から、絵本を読んで聴かせていたらどうだろう」と思いつきました。そして生後四ヶ月目には、もう、絵本を買いに行っていました。

「どんな絵本がいいのかなぁ」

母親になった喜びでわくわくしながら、右ページにかわいい動物の絵、左ページに短い文の書いてある赤ちゃん絵本を二、三冊買いました。もちろん、生後四ヶ月の赤ちゃんが、絵本を理解すると思ってはいませんでした。でも、私は読み聴かせを習慣にしてみたいという気持ちから、初めての読み聴かせに挑戦したことを今でもよくおぼえています。

まだ寝返りも打てず、宙を見つめているような赤ちゃんの目に、絵を近づけて文を読んであげると、なんと絵をじっと見つめているのです。そしてページをぺらっとめ

息子《ムスコ》4ヶ月
読みきかせは
まだ早いかな
でも…
ねこちゃんと
やってみよう!
ねこちゃんと
いぬくんが…
パラッ
きゃっ
きゃっ
えーっ!
きゃ
こんなに小さくても
わかるんだ!
なかなおり
しました
私の読みきかせの
第一歩でした

くると、手足をパタパタさせてうれしそうなのです。私はこの意外な反応に喜びがあふれました。その絵本は、子どものネコとイヌが一つの物を取り合って喧嘩になるという内容でしたが、私は次第に不思議な思いに駆られていきました。

「いったい何に反応しているのだろう?」

赤ちゃんの目には見えているとしても、絵の意味を理解しているはずはなく、声を聞いていてもやはり意味を理解しているはずはない……けれども確かにうれしそうに興味を示しているのです。

信じられないことだけれど、私にはどうしても話の展開に興味を示しているように思えてなりませんでした。わずか四ヶ月の赤ちゃんが⁇

単に親バカだっただけなのかもしれませんが、誰に話しても信じてもらえない不思議な体験のように、私には衝撃的な出来事でした。その時の体験が、その後十数年に及ぶ、読み聴かせ中心の子育ての発端となりました。今でもこの上なくキラキラと輝いている、美しく忘れることの出来ない思い出です。

しかし、発育の面では心配なことが多々ありました。首のすわりが遅く、四～五ヶ月で寝返りを打たないというのは、少し遅いような気がしました。

布のおもちゃを持たせようとしてもうまく握れない。育児書通りにいかないことから「この子、ちょっと発達が遅いのかな……」という不安を覚えました。でも多少の遅れはそのうちに追いつくものと信じたい。今はとにかく読み聴かせの習慣をつけて本の好きな子になれば、きっと発達の遅れなんて問題にならないはずと、不安な気持ちを抑え込んでいました。

そして、初めて絵本を見せた時の不思議な体験を思い起こしては、毎日毎日機嫌の良いタイミングを見計らって、読み聴かせを続けました。

まだ言葉を話さない赤ちゃんですから、読み聴かせの絵本は絵がはっきりとしていて、文字も極力少ないものを選びました。繰り返し繰り返し続けていると、だんだん本人の好みが出てきて、何度も読んでほしいと指をさす本も出てきました。

男の子だったので、動きだすと活発で玩具を扱うのも乱暴でしたが、不思議と絵本を乱暴に扱うことはありませんでした。何度かクレヨンでいたずら描きをされたことはありましたが、「自分で絵を描いているつもりなのだろう」と、叱りはしませんでした。もちろん、盛んにハイハイをして動き回っている最中に、絵本を見せても見向きもしません。

いつしか、読み聴かせはお昼寝と夜寝る前の習慣になりました。この時間は、私自身も子どもが寝てくれるという安堵感があり、ホッとするひとときでした。

一歳を過ぎて歩きだすと、もうそれほど発達の遅れは気にならなくなりました。午前中、元気に外を散歩したり公園で遊んだりした後は、ご飯を食べて絵本の読み聴かせをしてお昼寝。そんな毎日でした。

ある時、我が子と同じくらいの子どもを持つ母親同士が三、四人集まって「子育てサークルのようなものをやろう」ということになりました。中に保育士の経験者がいて、キーボードを弾いて親子で出来るリズム体操を、教えてくれたのです。

地域の郵便局が普段使っていない展示場を、週に一度無料で貸してくれることになり、子どもたちは裸足で広いところを思い切り駆け回ることが出来ました。床はピータイルだったので、始める前には親子で雑巾がけをして、体操が終わると麦茶を飲んでおやつの時間。最後には紙芝居や絵本の読み聴かせ、簡単な工作や折り紙の時間も入れました。

このサークルは、幼稚園に入る前に集団生活が出来るので好評となり、会員も増えました。子どもたちの社会性の刺激になっていると思い、母親たちは協力して自主運営に励みました。それは決して義務感からではなくて、子どもにも母親にも友だちが出来て本当に楽しかったのです。

しかし私はその楽しさの陰で、いつまで経っても周りと一緒に体操をせず、一人で走り回っているだけの我が子の発達に、やはり一抹の不安を覚えていました。

長男が生まれて二年後に次男が生まれ、子育てはますます忙しくなっていきましたが、同居する夫の両親は、嫁の私とは、子育てに対する考え方がまるで違いました。夫に相談しても「昼間いないから様子が分からない」と関わろうとせず、私は不満を募らせていました。旧家でしきたりも多く、家事は全て嫁の仕事。私は肉体的にも精神的にも疲れ果てていきました。

そんな私の心の支えになったのは、意外にも子どものためにやっていたはずの読み聴かせでした。赤ちゃん絵本から徐々に日本昔話やグリム童話、イソップ童話など、ストーリー性のあるものも読むようになっていきました。毎日読んでいるうちに、ただ声を出して読んでいるだけではなく、一つ一つの話の展開を丁寧に落とし込んでいくような感覚を覚え、私はとても癒やされました。

「昔話ってこんなにも深かったんだ……」

と、何か今までの人生で見落としてきたものに気付かされたような感覚でした。そんなふうに読み聴かせていると、二、三歳の幼子もまた、深く物語の世界に引き込まれているようでした。

赤ちゃんの頃から始めて、この頃にはもう既に、私と長男との間には読み聴かせの歴史のようなものが根付いていました。そのためか、子どもが生まれた当初抱いていた「早期教育で外に何かを習わせに行く」という思いは薄れていき、その代わり一緒に図書館に通いました。絵本を借りられるだけ借りて、二週間に一度の頻度で新しい絵本と入れ替える、そんな生活がずっと続きました。

　ここまで熱心に読み聴かせをしたのだからと、子どもの能力開発に期待する気持ちもなかった訳ではありませんが、子どものためというよりも、私自身にとって、とても楽しくて癒やしになる習慣でした。

　夫と喧嘩した時や、夫の両親とうまくいかなくてイライラした時も、読み聴かせをすると不思議と気持ちが落ち着きました。

「昔話にも、いじわるなおじいさんや、おばあさんがいたなぁ」

と、決して諦めない物語の主人公を思い起こしては、自分を励ましました。

　それまでの私は、危機に直面した時には「我慢すること」と「頑張ること」しか知りませんでした。そうやって苦しいのを我慢して頑張っているのに、なぜかうまくいかない自分の人生に失望していた私は、自分の代わりに子どもに過度な期待をかけるという、いやな母親になってしまうところでした。

　しかし昔話の登場人物たちはおもしろおかしく、

「人生にはいろいろなことがあって、苦しいのはあなただけじゃないよ」

と、私に語りかけているかのように感じられました。

弟が生まれたために、母親をとられて寂しい長男も辛そうでした。そんな時ほんの少しでも母親を独り占め出来る読み聴かせの時間を、長男はより一層楽しみにしているようでした。下の子に赤ちゃん絵本を読んでいる時も上の子は一緒に参加していました。どんなに簡単なものでも、何度読んでも飽きるということはないようでした。

こうして繰り返し穏やかな時間を過ごすことによって、新しい家族の輪が根付いていったのです。

長男の、赤ちゃんの頃感じていた発達の遅れはあまり気にならなくなり、幼稚園は年少組から入園させました。近所の幼稚園だったので、隣の子と手をつないで楽しそうに徒歩で通園しました。子どもの成長に支えられながら、私はそれなりに幸せな毎日でした。

幼稚園に入った息子は、やがて上級生の影響で漫画本を読み始めました。私は「マンガしか読まなくなってしまうのではないか」と心配になりましたが、一緒に楽しむつもりで漫画本も声に出して読みました。テレビ番組になっているものは声マネもして、声優になったみたいにいろいろな声を出してみました。こうして一緒に楽しんだのが良かったのか、子どもにとって漫画本と絵本の境はないらしく、どちらも同じように集中して聴きました。

絵本は次第に絵の少ないものへと移り変わっていき、息子は自分の目で文字を追い、字が読めるようになってきました。しかし、年少、年中と進級していくうちに、

「普通ならば、親のマネをして子どもが自ら音読を始めてもいいはずなのに……」

と、いつまで経っても聴いているだけの我が子を、少し不思議に思うようになりました。また、年中くらいから他のお友だちは、声を掛け合って役割分担をし、ごっこ遊びをしているのに、

「うちの子は相変わらず年少の頃と同じように、一人遊びをしている……」

と、私は他の子どもたちとの違いを、はっきりと認識するようになりました。

友だちと一緒にうまく遊べないためか、家に帰ってからの遊びの誘いも少なくなっていき、「仲間はずれ」「いじめ」といったマイナスなイメージの言葉が、脳裏を掠め

ました。

子どものことも心配、夫とも夫の両親ともうまくいかない……。そんな四面楚歌の中で苦しんでいた私は、ある日突然降って湧いたような強烈なインスピレーションを受け取りました。それは、グリム童話の『ヘンゼルとグレーテル』を読んでいる時のことでした。夫の両親の家に同居した自分が、お菓子の家に捕らえられたグレーテルと重なったのです。女の子のグレーテルは私、兄のヘンゼルは夫、という具合に……。嫁姑の折り合いが悪くて夫婦仲まで悪くなってしまうというのは、よくある話です。私は夫に助けてもらえるとばかり思い込んで、夫に不満をぶつけたために夫婦喧嘩が絶えませんでした。

ところが、ヘンゼルはグレーテルを助けられない！　ヘンゼルが目印に落としていったパンの欠片は小鳥が食べてしまい、二人は完全に森の中で迷子になってしまうのです。グレーテルは自分の手で魔女をパン焼き竈《かまど》に押し込んで、逆にヘンゼルを救うのです。

魔《マ》法《ホウ》つかいのおばあさんは
グレーテルをこき使って
ヘンゼルは閉じこめて太らそうとしました
ヘンゼル！
気がついてちょうだい
はっ
そうか！
ヘンゼルと
婚《コン》家《ケ》はお菓《カ》子《シ》の家《イエ》
おいしそーにみえるけど
夫はヘンゼル
そして私は…
そーだったのねー
納《ナッ》得《トク》してしまった私でした

「そうか！　この昔話は、子どもの自立を阻む母親との闘いを描いているんだ！」と、これが昔話からの初めてのインスピレーションでした。その瞬間にどれほど救われたことでしょう。

住む家を義親に頼り、収入を夫に頼り、専業主婦で子育て出来るのは恵まれたことであったけれど、その代わり精神的には抑圧される、その苦しさを思い知らされました。

「もう、夫に助けてもらおうなんて思わない。自分で解決しよう」と、その瞬間から考えが変わり、それから少しずつ私の夫や姑に対する接し方は、変わっていきました。

語り継がれてきたお話は、もしかしたら人間関係で困った時にどうしたらいいかを教えてくれているのかもしれないと思い、それ以来、私のバイブル的存在となりました。まるで宝物でも探すかのように、その時の自分の心情にぴったりの物語を選び、童心に戻って子どもと一緒に楽しみました。昔話は、子どもにもきっと生き抜く術を示唆してくれているに違いない。

「頑張りすぎなくていい。読み聴かせの力を信じて、後は自然に泣いたり笑ったりで、どうにかなるさ」

そんなふうに、素朴なお話に励まされ、感謝の涙があふれたことをおぼえています。

2　小一で発達障害の診断を受ける

子どもの成長に一喜一憂させられた幼稚園時代も、もうすぐ終わりに近づいています。息子は、お友だちと遊ぶのもどことなくぎこちないし、なぜか文字を書くのを嫌がり、自分の名前を書くのが精いっぱいという状態で就学児健診を受けました。

健診では「自分の名前が書ければ充分ですよ」と言われて、私はホッと胸をなで下ろしました。結果も問題なしでした。きっと今までの読み聴かせの成果が、勉強に現れてくるに違いないと、ちょっぴり期待しながら小学校の入学式を迎えたのです。

しかし、勉強が始まり学校で文字を書く練習が始まって間もなく気付いたのは、ひらがなが度々鏡文字になってしまうことでした。間違いを指摘すると癇癪を起こし、涙目になりながら、とても苦労して直していました。読み聴かせなら三十分でも一時間でも聴いていられるのに、ひらがなの練習は五分ともたない。「勉強が遅れるのではないか」私は急に不安になりだしました。

その上、入学して間もない五月のゴールデンウイーク明け、私は三番目の子どもである長女を出産し退院するまで、文字を書くのを嫌がる長男の宿題を見てやれなくなりました。

勉強が遅れて「学校に行くのがいやだと言われたらどうしよう」と、私は心配する一方でしたが、意外にも息子は学校が楽しい様子でハツラツとしていました。

そんな姿を見て、私は母親としての自覚が増し、

「もうどんなに夫や夫の両親とうまくいかなくても、この家を出ていくことは出来ない」

と覚悟を決めました。

「私が我慢すればいい」と、なんとか丸く収めようと毎日必死の思いでした。

ところが、六月に入ったある日のことです。息子が学校から帰ってきた直後に、突然担任の先生から電話がかかってきて、

「今日、○○くんの帰ってからの様子はどうですか?」

と聞くのです。初めて担任の先生から直接電話をもらった私は驚いて、緊張しながら、

「ええ、大変お世話になっております。とても学校が楽しいようで、今日も大きな声で、ただいまーって元気に帰ってきました」

と明るい声で答えました。

それなのに電話の向こうから聞こえる先生の声は、「そうですか……」と予想外にトーンが低いのです。何のためにかかってきた電話なのだろうと、私は不安になりました。すると次の瞬間、先生はびっくりするようなことを言いました。

「お宅のお子さんは自閉症ですね」

さらに、

「そういう場合は、入学前に申し出てもらわないと困ります」

私は言葉を失いました。自閉症に対して偏見があった訳ではありません。でも、だったらどうして就学児健診で『問題なし』だったのか。私の頭の中を、赤ちゃんの頃からの心配事の数々が駆け巡りました。でも、でも……。私はやっとの思いで、健診

では何も問題がなかったことを先生に伝えました。

そして「やっぱり字が書けないことでしょうか？」と聞くと、

「いいえ、そういうことじゃないんです」

と先生は全く別のことを話し始めました。

「字が書けないのはそのうちに追いつきますよ。それは心配ありませんが……。実は○○くんが授業中勝手に歩き回って困っているんです。注意すると教室の外に出ていってしまうし、大きな声で勝手に喋ったりして授業にならないんです。自閉症でなければ、お母さんとの関係に問題があるんじゃないんですか？　厳しくしすぎたりしてませんか？」

私は息子との読み聴かせの日々を……とても一言では説明出来ず、悔し涙を堪《こら》えて、

「ご迷惑をおかけして申し訳ありません。そんなに厳しくしているつもりはないんですが」

とだけ言うと担任の先生は、

「一度学校に来てどんな具合か見てくださいよ」

とたたみかけるように言葉を続けられたのです。

「はい、分かりました」

私はそう言って電話を切りました。

かわいい新一年生が真新しいランドセルを背負って元気に下校する、新緑が眩しい初夏の午後でした。私の心は突然の嵐に見舞われたように混乱し、崖っぷちで吹き飛ばされないように必死に耐えているようでした。何が起こっているのか？

幼稚園の時にはそんな注意を受けたことは一度もなかった。少しぎこちなくても、何でも皆と一緒にやってきた。勝手な行動も言動も目につかなかった。先生やお友だちから注意されたこともない。それが、小学校に入ったとたんに、担任の先生から、まるで授業を妨害する悪い子のように言われるなんて……。


その日の夜、私の四つ年上で二人の小学生を持つ姉に電話しました。私は担任の先生としたやりとりの一部始終を、昼間の我慢が崩れるように泣きながら話しました。

するとと姉はすかさず、

「彼は自閉症じゃないよ。だってコミュニケーションとれてるもん。きっとまだ学校に慣れてないだけだよ」

と担任の先生の言葉をあっさり否定しました。

「でも、ひらがなもうまく書けないんだよ」

と私が言うと、

「うん、確かに発達の遅れはあったよね。実は（実家の）おばあちゃんも首のすわりが遅いって気にしてた。だけど、自閉症ってことはないよ。あんまり心配しすぎないでしばらく様子を見てみたら」

と慰められました。

しかし数日後、その姉から意外な電話がかかってきたのです。

「新聞に『学習障害児親の会』が発足したっていう記事が載っててさ、○○くんに似てると思わない？」

と言うのです。

その記事には、授業中歩き回る、勝手に喋りだす、書字障害、数の概念が弱いなどと、書かれてあったそうです。

「学習障害という『障害』があるの？」

と、私は何だかキツネにつままれたような不思議な気分でした。

その頃まだ我が家にはパソコンもなく、今のようなインターネットでの検索もない。姉の住む群馬県の地方紙の片隅に出ていた小さな記事だけが頼りでした。

「もしもそうなら、息子は学校で誤解を受けている。きっとそうだ」

母親の勘が働き始めました。


私は担任の先生と対立しないほうが良いと思いました。なぜなら、もしも学習障害なら、きっと先生もそうとは知らずに、自閉症だと言っていたと思われたからです。しかし、憶測をそのまま話す訳にもいかないので、私はとりあえず先生から言われた通り、学校に行ってみることにしました。生まれたばかりの長女は背中に負ぶっていきました。姑に預けると理由を話さなければならないと思ったからです。

恐る恐る教室に入っていってみると、背中の赤ちゃんを見て子どもたちの顔がパッと輝きました。教室の子どもたちから冷たい目で見られるのを覚悟していた私は、子どもの素晴らしさをしみじみと思いました。「大人の世界だったらこうはいかないだろうな」穢れのない子どもたちの温かく澄んだ瞳に、私は勇気をもらいました。担任の先生からも「よく来てくれました」という言葉をもらいました。

「お母さんがいてくれるといい子にしていますね。助かります」

と。なるほど、確かに先生一人では大変そうでした。息子は楽しそうにしていましたが、授業中に「ねぇねぇ先生」と話しかけてしまったり、プリントを持って歩き回ったり。それでも私がいる間は、いつもより控えめだと先生は言っていました。

私は、教室の一番後ろで長女のオムツを替えたり、欠席した児童がいた際には給食をもらって食べたりしながら過ごしました。他の保護者よりも多く授業参観させてもらっているような、得した気分になろうと思いました。自分が思ったよりも子ども好きであることを発見して、「教師になれば良かったな」などと思ったりもしました。担任の先生とも仲良く話が出来るようになり、ずっと読み聴かせを続けてきたことも話しました。

「そうですか、○○くんは本が好きなんですね。それならきっと学校に慣れてくれれば大丈夫でしょう」

そんなふうに先生から言われて、「そうであってほしい」と心から思いました。

「お母さん、もうそろそろ来てもらわなくてもいいですよ」

四、五日して先生からそう言われたので、それからは学校へ通うことはなくなりました。けれども私は姉から聞いた『学習障害』という言葉が引っかかっていたので、自ら一人で市の教育相談を尋ねました。相談員に今までの様子を伝えるとやはり、

「学習障害の恐れがありますが、はっきりそうとは言えません。担任の先生にはこちらから連絡しておきましょう」

とのことでした。

すると、こちらから連絡するより先に担任の先生から電話があり、

「教育相談に行かれたそうですね。連絡がありました。『学習障害』という障害があるんだそうですねぇ。知りませんでした。お母さんがご自分から相談に行かれるなんて偉いですねぇ。普通はこちらからお願いするんですが」

先生はそういうことなら、そのつもりで配慮すると言ってくれました。

とりあえずひと安心でしたが、「はっきりとは言えません」という相談員の言葉が気にかかりました。これから、どうすればいいのかも私には分かりません。下に幼い弟妹がいて、長男には宿題を見てあげるのが精いっぱいだったし、「なんとか問題なくいってほしい」そう願わずにはいられませんでした。

しかし、私が学校に行かなくなってから、息子はだんだんイライラするようになっていきました。自分の髪の毛や、眉毛やまつ毛を抜いたり、爪を噛んだり、壁に頭を打ちつけたりするようになりました。

どうしたらいいのか考えあぐねて、新聞に出ていた『学習障害児親の会』の代表のところに電話をしてみると、

「その症状は二次障害にまで進んでいるから、放っておかないほうがいいですね」と言われました。再度、担任の先生のところに行って様子を聞いてみると、

「普通学級では難しいようです。一、二年生はもう仕方ないとして、三年生からは複式学級をお勧めします。この学校には複式がないから隣の学校になりますね」と受け

入れがたいことを言われたのです。

絶望的な気持ちで「今の私がこの子にしてあげられることは何か？」と自問した時、出てきた答えはやはり「読み聴かせを続けること」でした。この時も母親の私を支えてくれたのは、赤ちゃんの頃からずっと続けてきた読み聴かせだったのです。学校からの『音読の宿題』も本人がやりたがらない時は、私が読みました。教科書も声を出して読んでみると、なかなかおもしろい。私は堅苦しい勉強のイメージではなく、なるべく感情を込めて絵本と同じように読みました。

しかし……私が何事もなかったように装いながら生活していたある日の夜のことでした。子どもたちとお風呂に入っている時に、息子が驚くべき言葉を吐きました。「ぼくは悪い子なんだ。ぼくの人生はろくなものになんないな。将来は真っ暗闇だ」と。

息子の目は遠くを見ているように虚ろで、とても七歳の子どもの言葉とは思えませんでした。

私は、息子が自分のことを悪い子だなんて思うはずがないと思ったので、「そう……悪い子だって先生がそう言うの？　でも、お母さんはそうは思わないよ」と、それ以上の慰めの言葉も見つからず、こんなにも意識の高い子どもをなんとか救ってやらなければと、「どうしたらいい？　どうしたらいい？」とひたすら自問を重ねていました。

その頃読んでやっていた本に『かわいそうなぞう』という絵本がありました。太平洋戦争中動物園で飼育されていた動物が、逃げ出すと危険なので殺処分されることになりました。他の動物は薬で安楽死でしたが、ぞうは体が大きいために薬が効かず、餓死させられたという実話の絵本です。息子は、その本を読んでやるとポロポロ涙をこぼしながら聴き入っていました。私は、

「こんなにも感受性が豊かでやさしい子どもが、どうして悪い子と言われなければならないのか！」

と憤りを感じました。でも学校での様子を思い出すと、担任の先生を責めても気の毒なような気もしました。夫に話しても相変わらず理解を示してくれず、私は三人の

幼い子どもを抱えて荒野を彷徨《さまよ》い歩いているような心境でした。

そんな私に実家の姉が「専門家のところに行ってみよう」と言ってくれました。

例の新聞記事に東京の相談室の住所が載っていたので、それを頼りに姉が付き添ってくれたのです。

アメリカでスクールサイコロジストとして長く自閉症児のケアを経験したというその先生は、「日本ではまだまだ認知されていないから」と、ハンデを負いながらも健常者として生きていかなければならない学習障害者の厳しい現実を話されました。

次回に本人を連れていくと、「重くはないけれど決して軽くはない。間違いなく『学習障害』です」と言い渡され、いくつかの指導を受けました。

いくら能力が高くても、エジソンやアインシュタインのような天才にはそうそうなれるものではないのだから、社会に適応出来るように育てないと、口ばかりで行動の伴わない大人になってしまう恐れがある。「指示に従えること」、そして「ありがとう」と「ごめんなさい」を言える人間に育てることの大切さ。親が趣味と友人をつくる手助けをしてあげる必要があるということ。

目に見えづらい障害であるため、周囲から理解されずに、本人の心が傷つきやすい点が、他の障害と違ってかわいそうなところだというようなお話をされました。それらを聞きながら私は、担任の先生にどう説明すれば理解してもらえるのだろうかと、考えあぐねていました。

帰ってから、その相談室で購入した『ぼくのことわかって』という『学習障害児への理解』啓発の冊子を、驚きや衝撃をもって一気に読みました。

その時、外では激しい雨が降っていました。その雨音に触発されるように、私の涙は止めどなく流れ落ちました。

「子どもが生まれたら何を習わせようかしら」と出産前に思い描いていた夢がガラガラと音を立てて崩れていくのを感じました。大変な子育てに夢がなくて、どうして頑張れるものか！　そんな怒りとも悲しみともつかない思いがこみ上げては消え、こみ上げては消え、それを機に姉と頻繁に電話で話をするようになりました。

なぜか姉は、私以上に『学習障害』という耳慣れない障害に興味を示し、私とは違う理由でその障害について知りたがりました。

「分かる、分かる。私もその傾向があったから。だから私は苦しかったんだよ！」と、まるで自分についての謎が解けたかのように、興奮気味な様子で言うのです。

確かに小さな頃から姉は、妹の私から見て性格がネガティブで変わっていると思っていました。でも姉はいつも本を読んでいて学習能力が高く、私の憧れでもありました。私が子どもに本好きになってほしいと願ったのも、その姉の影響でした。

姉がちゃんとした大人になっているということは息子も大丈夫ということなのか？何もかもが不確実というより他はなく、私は相変わらずキツネにつままれたような変な感じでした。しかし、同時に「今までずっと続けてきた読み聴かせをどこまでも、どこまでもやり抜いてやろう」という闘志のようなものが湧いてきました。

「これなら誰にも頼らずに出来る！」

周囲に分かってもらえないことを嘆くよりも、「今まで通り読み聴かせ中心の子育てを楽しくやろう！　そうだ、長編の児童文学にも挑戦してみよう」と、それまでは文章の短い絵本ばかりだったけれど、絵のない『オズの魔法使い』を何日もかけて読み続けたのもこの頃でした。

児童文学とは言え、原作は大人が黙読で読んでもボリュームのあるものです。分厚い原作を全て声に出して読み切った時、私自身も児童文学の素晴らしさを初めて知りました。そしてそれをずっと聞いていてくれる子どもが目の前にいる、という幸せに気付いた私は、ちょっと子どもが学校でうまくいかなかったからといって、あんなに泣いたりした自分が恥ずかしく思えて「今、この瞬間を大事にすればいいじゃないか」そんなふうに肝がすわってきたのです。

そんなこんなで一学期が終わり、夏休みに入ると息子の二次障害は止まりました。しかし、二学期が始まったら、また再発するのは目に見えていました。私は夏休みの間に改善の糸口をつかもうと県立小児医療センターで息子に知能検査を受けさせました。息子の知能指数は一〇〇以上あり平均以上でしたが、書字障害と数の概念の弱さ、そして視覚に比べて聴覚が弱いことを指摘され、耳は決して悪くないけれど、耳からの情報が脳に届きにくいというような説明を受けました。私は、あんなに長い時間読み聴かせを聞ける子どもが「聴覚が弱い」と言われたことが意外でした。でも確かに教室での様子は、先生の言葉を理解出来ていないように見受けられたし、オルゴールのきれいな音を嫌がって、耳を塞いでいたことも思い出しました。

「聴覚が弱いからこそ、母親の声で聴覚に刺激を与え続けたことはかえって良かったのではないか?」

私はこの時、読み聴かせを続けてきたことに幸運を感じました。しかし、検査を受けても「学校に慣れるのに時間がかかっているだけなのかもしれません。もう少し様子を見てください」と言われるだけで、何のフォローもケアもないのです。

せっかく読み聴かせで本が好きになっても、普通学級に置いてもらえなかったら、本人の能力にあった教育が受けられません。どうしたらいいか分からないまま、夏休みは過ぎていきました。宿題のドリルをなんとか終わらせ、自由研究は理科の実験を写真に撮ったりして、「書く」という負担を出来るだけ減らして仕上げさせました。

二学期に入ると、すぐに運動会の練習が始まりました。息子は幼い頃から体を動かすことは好きでしたが、複雑なリズムのダンスが難しいと訴えていました。

「難しいんだよ」と言いながら、家でもステップを踏んで何度も練習している姿に、「なんとかこの子を、学校に馴染ませてあげることは出来ないか」

と私は祈るような気持ちでいました。

普通の授業では、二学期も相変わらず席を離れたり、お掃除の時一緒にやらずに遊んでいたりしていましたが、しっかり者のクラスメートたちが、すっかり息子の面倒を見るようになっていて、その子たちのおかげで、担任の先生はだいぶ助かっているようでした。特に隣の席に座る女の子は嫌がらずに何かと手を貸してくれ、やさしく接してくれました。一学期に比べて周りの子どもたちは、息子がいることで逆に成長しているように見えました。

「いじめられるのではないか」と心配していた私は、そのクラスのあり方に心から感謝し、クラスメートたちの姿を頼もしく思い、「子どもって素晴らしいな」と胸を熱くしたものでした。

3　行動療法と一円玉学習

学習障害の診断をした、東京にいる専門家の先生のところで、私は継続的に親向けのグループカウンセリングを受けていました。セッションには三、四人の母親が参加していて、それぞれに深刻な問題を抱えていました。

中には、父親が子どもの起こす問題行動に我慢が出来ず、障害であることを分かっていながら暴力を振るってしまう、それを見ている母親は精神疾患にかかり精神科に通院している、そんな悲惨なケースもありました。私はグループカウンセリングに通うことによって、発達障害にも自閉傾向や多動傾向など、いろいろなタイプがあるのだということを知りました。また、当時は発達障害への法的措置が全く整っておらず、このままだと健常者として生きることになり、厳しい未来が待っていることが予想される、というお話もありました。

私は「こうすれば良い」などという簡単な話ではないのだな、ということにうすうす気付き始めました。子どもの抱える問題が一人ひとり違うということは、対応もそれぞれに違うのだ、と痛感し「我が子の将来は母親である自分の手にかかっているのではないか」という、これまでの人生では味わったことのない重圧を感じました。

何回目かの母親対象のグループカウンセリングを受けた時、先生のほうから『行動療法』のやり方についてのお話がありました。

問題行動をコントロールするために、課題が出来た時にはご褒美を与えて、指示に従うことへの心理的抵抗を軽減するというものです。「ご褒美」と聞くと何か物で釣るようなイメージもありましたが、よく聞いてみると、ご褒美をもらうまでのプロセスで、我慢することを覚えたり、出来た課題に対して自信が持てたりすることも分かってきました。

私の印象では、先生の口ぶりからはあまりうまくいったケースはないように聞こえましたが、私は藁《わら》にも縋る思いでぜひやってみようと思いました。

ところが、家に帰ってみると幼い弟や妹がいて、三人に同じ課題を設定することが出来ず、一人だけにご褒美を与えるのは「ずるい」ということにもなってしまうのです。

「うまくいかないな」と一度は諦めかけました。でも、こうなったら担任の先生にお願いしてみようと思いつき、課題は学校でのことにしてもらうように頼んでみました。

私は一冊のノートに表を書いて、先生のところへ持っていき、今教室の中で出来るようになってほしい事柄を五つ書き込んでもらいました。そして、出来たら必ず先生から『はなまる』がもらえるようにお願いしました。家では母親の私が、その『はなまる』が十個貯まったらご褒美として玩具を与える、という約束事にしました。これには担任の先生も大賛成で、喜んで協力してくれました。

担任の先生がその時、教室の中で息子に出来るようになってほしいこととは、「先生から言われたことを最後までやる」「答えが間違っていても怒らない」「お掃除を頑張ってやる」「給食のエプロンをつける」「給食を残さない」の五つでした。出来たら『はなまる』を一個ずつもらえますが、出来なかったら前にもらった『はなまる』が一個消され、家でのご褒美が遠ざかってしまいます。ありがたいことに、担任の先生はこのルールを忠実に守ってくれました。母親の私も約束を守って、本人の望む玩具を必ず褒め言葉とともに与えました。

しかし最初は、ルールに縛られることで息子はパニックを起こし、泣いたり暴れたり壁にげんこつで穴を開けたりして抵抗しました。ある時は、ご褒美をすぐにもらえないことに癇癪を起こし、サッシのガラスに大きなひびを入れてしまいました。息子は満身の力で暴れ、自分の足で分厚いガラスを蹴ったのです。私は血の気が引く思いで、この時はさすがに、この行動療法を続けるべきか、一瞬気持ちが怯《ひる》みました。しかし、そんな時に大人が折れて約束事を崩してしまえば、せっかくのルールが崩れてしまう。体が大きくなり力も強くなれば、もっと事態は深刻になって収拾がつかなくなるだろうと私は思い返しました。

「ダメなものはダメ！」と私はきっぱり言い放つと、怪我がないことを確認し、後は泣こうが喚《わめ》こうが無視していました。私は表面上は冷静に見せていましたが、いつ倒れるかというような心持ちで必死に踏ん張っていたのです。

今思い出しても、全く嵐のような日々でした。その時私の脳裏を、「ああ、ヘレン・ケラーとサリバン先生のようだ」という思いが掠めました。目も耳も聞こえない、話すら出来ないヘレン・ケラーが手づかみで食事することを、家の者はかわいそうで叱ることが出来なかった。でも、サリバン先生は「絶対にダメ！」と立ちはだかった、という話を、私はいつか本で読み、映画で観たことがありました。その後のヘレン・ケラーとサリバン先生が、信頼関係でしっかり結ばれたことを知らなかったら、私は息子のパニックの嵐に負けてしまっていたかもしれません。私はその出来事に自分を重ね合わせ、いつか息子が「ウォーター（わかった！）」と叫ぶ瞬間を祈るような気持ちで待っていたのです。

「分厚いガラスを割っても、お母さんはビクともしない」

何かが息子の心に届いた瞬間でした。それ以来息子は、嘘のように素直にルールに従うようになり、『はなまる』が十個貯まるまでご褒美を待てるようになったのでした。

学校でも何度となくパニックを起こしていたようですが、担任の先生は冷静に対処してくれました。世話やきのクラスメートにも、「世話をやかずに放っておくように」と言ってくださいました。息子は泣いても誰も助けてくれないことが分かると、先生の指示に従うほうが早くご褒美をもらえることに気付いたのか、積極的に先生の指示に従うようになりました。

学校と家庭がうまく連携出来たおかげで、私の負担も少なく、担任の先生と母親がお互いに支え合っているように心が通じていたと思います。

するとどうでしょう。同じ価値観の中で息子の問題行動は急速に影を潜め、なんと、三ヶ月余りの行動療法で、普通に座って授業が受けられるようになったのです。

まるで奇跡が起こったように、担任の先生からうれしい言葉が、毎日のように私の元に届くようになりました。

（以下　先生と母のやりとり）

先生　このノートに書いてあげるからと言いましたら、アンケートを頑張って書きました。

先生　ランドセルから出そうとしなかったので、私が出しましたら、お母さんの手紙があり、私が自分で机の上に出すように言いましたら、自分で出してくれました。

母　家でもいろいろ頑張っています。

先生　今日はお掃除をちょっぴりやってくれました。

先生　国語の聞くテストをやりました。漢字プリントの直しはやりたくないと言って大騒ぎでした。

先生　お掃除を指示したら、「わかったよ」と言ってやってくれました。

先生　今日は給食のエプロンを自分から着ました。サラダは少なめでしたが、全部食べました。

先生　読書をさせましたら、とても喜んで読んでいました。

先生　一対一で面倒を見ていたら、引き算プリントをやりました。とてもよく出来ました。

先生　なわとびの「うしろトントン」が二十回跳べました。
先生　自分から、生き生きと拭き掃除をやってくれました。以前はほうきならやってくれましたが、今日は私の周りの床がひどく汚れていたのをきれいにやってくれて、とってもうれしかったです。私にとって最高の日でした。
先生　反省会の時、お友だちに言われたことを反省しました。またお友だちから○○くんが少し頑張れるようになってうれしいと言ってもらえ、みんなで拍手しました。
先生　国語のテストを頑張りました。
先生　今日はほとんど立っていました。なわ跳びが出来ないと言って怒ってなわを振り回していました。音楽は一人ずつリズム打ちをしたり歌ったりしたのですが、やりませんでした。
先生　注意すると座ってくれました。
先生　国語のワークをみんなと一緒にやりました。
先生　今日は漢字プリントを自分からやりました。

母　いつもありがとうございます。パニックになった時は、家でご褒美のシールをはがしています。今日は自分から学校でパニックになったことを話しました。「怒ったり、我慢出来なくて騒いだりするのはいけないことなんだ」と認識出来るようになってきたようです。

先生　私の後ろのきたないところを自分から進んで（！）拭いてくれました。

先生　自分から進んでエプロンをしましたが、鶏のから揚げ、ミニトマト、サラダを食べませんでした。

先生　今日は自分で連絡袋を出してくれました。レコード鑑賞や読書は座って出来ました。

先生　国語のワークをやりました。間違っていても怒りませんでした。

先生　おそうじをみんなと一緒に出来ました。それに黒板の溝も、自分からきれいにしてくれました。

先生　給食を全部食べました。（まぜごはん、ウインナー、みかん、ほうれん草とシーチキンのあえ物）エプロンもしました。

先生　反省会で◯◯くんが良い子になったことが続出で、拍手がすごかったです。
本人からも聞いてください。
・座って授業を受けられる
・掃除をやる
・教室で授業中なわとびをしなくなった
・勉強をやる
・連絡帳のサインをもらいに行ける
「二学期さよならおたのしみ会」などなど、明日のクイズもやるそうです。
とにかく頑張っています。クラスのみんなも支えてくれています。

母　先生、本当にありがとうございました。二学期の間本当にお世話になりました。思えば二学期の目標は「連絡帳が書けるようになること」でした。（連絡帳が書けないと、次の日の持ち物などが分からずに母が困っていた）それが、こんなにもいろいろ頑張れるようになって。出来て当たり前のことでも「認められる」ということが、あの子を動かしたのだと思います。私にとっても今年は長女が生まれ、いろいろあった年でしたが、一年の終わりをこんなうれしい気持ちで迎えられて、先生やクラスのお友だちに対する感謝の気持ちでいっぱいです。

先生　本当にうれしいですね。今日も生き生きと楽しそうにクイズをやってくれました。三学期も繰り返しはあろうかと思いますが、この調子で頑張ってくれると信じています。どうぞ良いお年をお迎えください。

先生　おはようございます。校長先生もよく○○くんに言葉かけをされています。この頃はよく話をしてくれるとおっしゃっていました。今朝このノートのお話や○○くんの様子を話しましたら、喜んでくださいまして、終業式のお話の中に、クラス名は出しませんが、クラスのお友だちをみんながやさしく励ましているという話をされました。また三学期も焦らず繰り返し対応していきたいと思っています。よろしくお願いします。

母　三学期も毎日『はなまる』をつけていただいてありがとうございます。四十人の中で先生も大変な毎日なのに、根気よくこのノートをつけ続けてくださって、なんとお礼を言えば良いかと……。また何か「これを直してほしい」ということがあれば、お知らせください。

先生　本人もよく頑張っています。一、二学期から思うと信じられないほどです。絵を描くのはとてもいやなようです。朝、このノートを出すように一言お願いします。

先生　手作りおもちゃが上手でびっくりしました。生き生きやっています。

先生　なわとびが五十回続けて出来ないと言って、大声で泣いていました。

先生　詩をプリントに書きました。

小学校一年生の終わり頃、平成六年（一九九四年）十一月の末から冬休みを挟んだ翌七年二月末頃まで、担任の先生と私との間で『はなまるノート』を介してこのようなやりとりがありました。担任の先生の協力を得ることが出来たので、この行動療法は大成功に終わりました。

しかし、それにしても「たったこれだけのこと」であれほどひどかった問題行動が

花まるノート
母と担任《タンニン》の先生の交換《コウカン》ノートです
できたら
このノートに書いてあげるからね がんばってアンケート書こう
花まる
できたね！花まるだよ
漢字《カンジ》プリントのなおしは……
いやー
花まるひとつはがすよ
おそうじ
わかったよ
給食《キュウショク》のエプロン
読書《ドクショ》は大好き

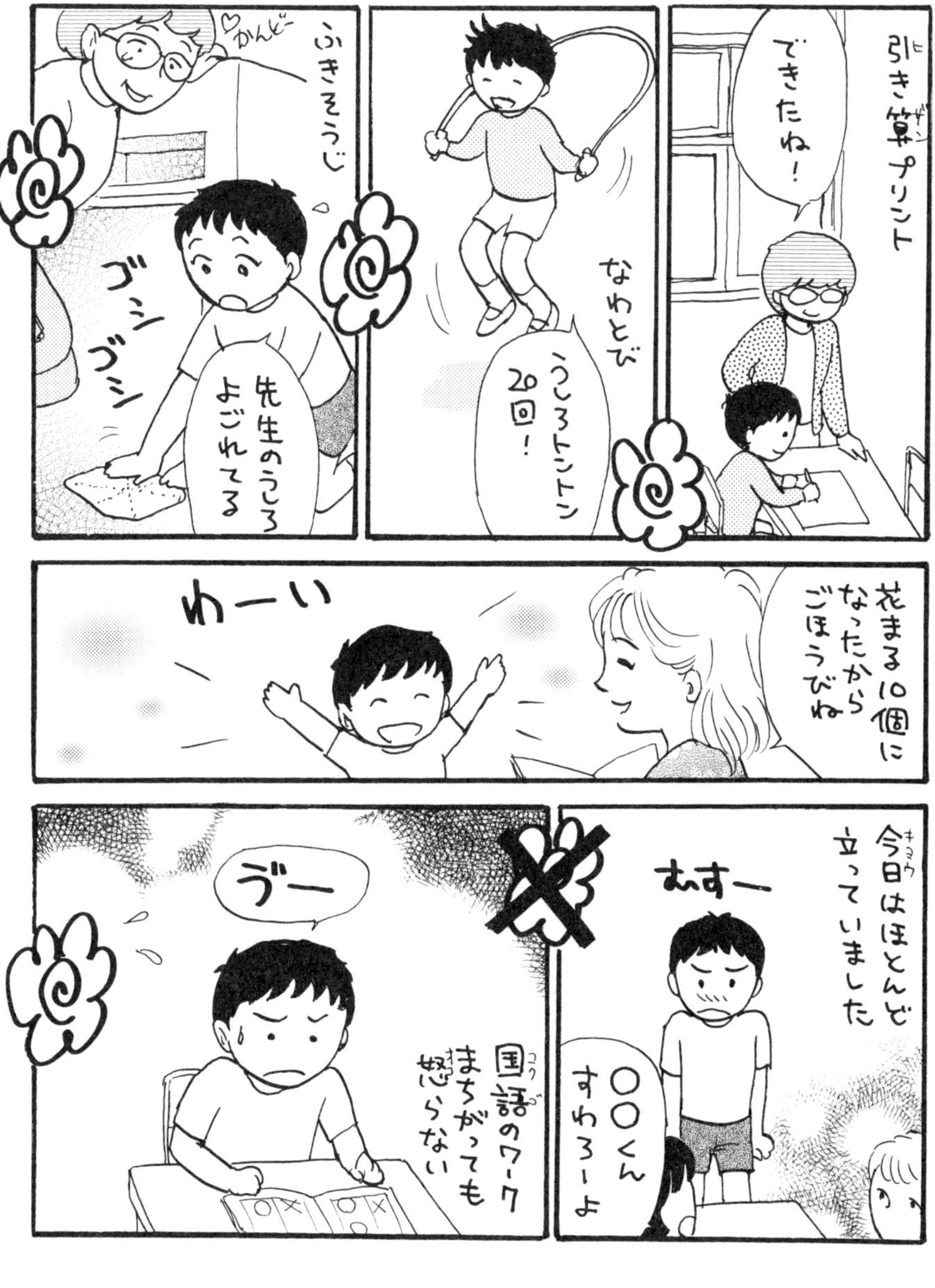

引《ヒ》き算《ザン》プリント
できたね！
なわとび
うしろトントントン20回！
ふきそうじ
かんどー
ゴシゴシ
先生のうしろよごれてる
花まる10個になったからごほうびね
わーい
今日《キョウ》はほとんど立っていました
むすー
○○くんすわろーよ
国《コク》語《ゴ》のワーク
まちがっても怒らない
ヴー

はんせい会
はい!
○○くんが授業中《ジュギョウチュウ》になわとびしなくなりました
おそうじもいっしょにできました
パチパチ
パチパチパチ
終業式《シュウギョウシキ》 校長《コウチョウ》先生のお話
クラスの友だちをみんながやさしくはげましている学級《がっきゅう》がありましたうれしい事ですね
もう花まるノートもごほうびもいらないわね…

改善されたのは本当に驚きでした。学校という場ではどういう行動をとることが好ましいのか、理解さえ出来ればそれをこなす能力はあったのだとつくづく実感しました。分かってしまえばはなまるノートもご褒美も要らなくなり、普通学級で問題なく過ごせるようになったのでした。

『読み聴かせ』やご褒美を利用した『行動療法』の他に、もう一つ今でも「やって良かった」と思えることがあります。それは一円玉を使った算数の学習です。

空間認知の力が弱く書字障害を抱えていた息子は、数の概念を理解する力も弱く、たし算ひき算に時間がかかっていました。計算しているところを見ると、どうやら「1＋1＝2」「1＋2＝3」を丸暗記しようとしているかのようで、たし算の原理が分かっていないのです。これでは、いずれ完全にお手上げになってしまうであろうことは目に見えていました。

そこで私は、計算ドリルの宿題を、全て一円玉に置き換えて、目に見える形で計算させることにしました。

まずは一円玉をお菓子の入っていた空き缶にジャラジャラ、さも楽しそうに集めて。さあ、何が始まるのかな？　計算を楽しい遊びとして、正解したらその一円玉を、全部ご褒美としてもらえることにしたのです。子どもは、おはじきなんかにだまされません。

「お金がもらえる♡」ことが、意欲をかき立てました。大人だってお給料がもらえるからこそ働くのです。私の作戦は大成功！　算数の計算ドリルの宿題が待ち遠しい！　息子は毎日毎日せっせと一円玉を並べて、足せば増える、引けば減ることを視覚的に定着させ、計算は暗記するものではなく、原理があるのだということを体で覚えていきました。

一桁の計算ならば毎日やっても大した金額にはなりませんが、それでもそのお金を持ってお買い物に行こうとすると、百円なら一円玉百枚です。お店が混んでいる時はレジのおねえさんが大変そう。そこで思いついたのが『両替ごっこ』でした。一円玉五枚と五円玉一枚を取りかえっこ。初めて両替した時、息子は目を白黒させていました。

「え〜っ、五枚が一枚に減っちゃうじゃん」

「あのね、一円玉五枚でも五円、五円玉一枚でも五円なの」

こんな会話をしていると私はもう子どもがかわいくてかわいくて、こうやって初めてのことを覚えていく子に、これからも学校のペースに惑わされずに、楽しみながらいろいろなことを教えてあげようと思いました。

五円玉の次は十円玉です。一円玉十枚でも十円、五円玉二枚でも十円。「減っちゃう」と不満そうだった息子も十円玉一枚の中には一円玉十枚の量が入っていると納得をして、買い物にも便利なことを実感しました。十円玉に慣れると五十円玉、その次は百円玉と、ゆっくりゆっくり馴らしていきました。

また、両替ごっこは筆算の繰り上がり繰り下がりの時にも使えました。繰り上がりの時は一円玉十枚を十円玉一枚に、引き算の「十の位から借りてきて」の時には、今度は十円玉一枚を一円玉十枚に両替するのです。こうすると、すんなりと理解出来て、ずいぶんと助かりました。

じゃら じゃら
あっ 一円玉が いっぱい!
1+1は?
2円!
3+2は?
えーと 5円!
♪わーい
お金が ふえたよ
現金《ゲンキン》ね
じゃらじゃら
じゃあ とりかえっこね 一円玉5枚と 五円玉1枚
えー
減っちゃう じゃん!
両替《リョウガ》えごっこ
あのね
一円玉5枚も 五円玉1枚も 同じ5円なの
ふーん
一円玉10枚 五円玉2枚は 十円玉1枚
十円玉5枚 五十円玉1枚は…
こうして 繰《ク》り上《ア》がり算《ザン》も できるように
えーと
1円玉10枚を 10の位から かりてきて…
百円玉10枚は 千円札1枚 だねー!
予算《ヨサン》が…

ある日私は、文房具屋さんで『おこづかい帳』を目にしました。「そうだ！　おこづかい帳をつけさせよう」と、私はそれをさっそく購入しました。計算を喜んでやるようになったのはうれしいけれど、小学校一年生にしてはおこづかいの金額が大きくなってきて、少し気になっていたからです。息子に提案すると、誇らしそうに受け入れてくれました。努力することでお金をもらえて、それを帳面で管理することは彼にとって、少し大人になったような気分がしたのではないでしょうか。買い物から帰ると、レシートを広げておこづかい帳に記入。お金をもらうと増えて、買い物をするとお金は減る。この感覚はとても大切な感覚だと思います。

特に現代は何でもカード払いで、量としてお金が減っているという感覚を実感出来ません。電車やバスに乗るにも子どもの頃からカードで「ピッ」では、そこに本当にお金を払っている感覚が育つのは難しいように思います。ましてや発達障害を抱えていたら、大人になった時、カード破産なんていうことにならないかしら？　そんな心配もしました。ちょっと感覚がずれているから、算数の数とお金の数がもしも一致しなかったら？

ありも得ないことでもないような気がしました。学習に本物のお金を使い、子どもに自分で買い物をさせる、といったことに抵抗を感じる方もいるかもしれませんが、「難しい計算は出来なくてもいいから、自分のお金の管理が出来る大人になってほしい」という、親としての切実な思いがあったのでした。

多くの障害児は二年生の掛け算九九で算数の勉強についていけなくなると、グループカウンセリングで聞いていました。私は息子に無理に暗唱させることはせず、九九の学習でも根気よく、二の段から九の段まで、九枚の一円玉のかたまりを九つ作るという具合に、並べさせ続けました。私は内心「ここまでやらせるなんて、とんでもないなぁ……」と自分でも呆れるほどでした。が、息子にとってはいつものことなので相変わらず楽しんでやっていました。

クラスメートたちは皆、声に出して暗唱したり、歌で覚えたりしています。「やっぱり暗唱させるべきなのかなぁ。どうやって九九を覚えさせよう……」そんなことを考えながら、しばらく一円玉を並べる息子に付き合っていると……なんと？　なんと！　突然息子は瞬時に九九の計算が出来るようになったのです。もちろん、暗唱はいっさいやっていません。どうやら、頭の中に一円玉の記憶があるようです。目に見えるようにやったことで、掛け算と同時に割り算も自然に出来るようになっていました。

行動療法がうまくいったことも相まって、それ以来息子はクラスでも一目置かれる存在になりました。母親の私も保護者会に行くと、「○○くん、計算問題が得意なんですってねぇ」とクラスメートのお母さんたちから声を掛けられるようになりました。

「一円玉で勉強したものですから（笑）」

「はぁ？　一円玉⁇」

（一言で分かってもらえる訳ないか……）

私は口をつぐみ、ひたすら、

「皆さんにいつも助けていただいて、ありがとうございます」

と頭を下げていました。

（いい気になってる場合じゃない。いつ、いじめられないともかぎらない）

そんな卑屈な思いも常に消えることはありませんでした。それでも、そんな言葉を掛けられて、今までの苦労が報われた瞬間でもありました。

4　母子ともに読み聴かせの効果が出る

息子がなんとか無事に、小学校一年生を終えた平成七年（一九九五年）三月。日本中に戦慄の走る大事件が起こりました。

某カルト教団による、『地下鉄サリン事件』です。

長男が生まれて少し経ってからずっと、その宗教団体に関連する報道が、テレビのワイドショーなどで放送されていました。多くの若者が出家して、サティアンと呼ばれる施設で共同生活をしたり、国政選挙に出馬して派手なパフォーマンスをしたり。

その時に見た彼らの一部が何年か後に、サリンという化学兵器で、大量殺人に手を染めてしまうなんて、とても奇妙で信じられない事件でした。

思い起こせば、長男が赤ちゃんの頃は発達障害とも知らずに、子育てに淡い夢を描いていました。それが今では……夢は砕かれ、待ったなしに現実と闘っている毎日です。世の中で何が起こっているかすら、考える暇もありませんでした。

長男は行動療法によって教室内での問題行動も収まり、クラスメートと一緒に、学校生活が送れるようになっていましたが、それでもまだまだ、ハラハラさせられる毎日です。下には幼い弟妹もいます。そんな時の大ニュースに「この子たちを、将来あんな事件に巻き込ませたくない」と私は強く思いました。そして、そもそもどうしてそんなことになってしまうのか、非常に疑問に思いました。

三人の子どもたちのうち、特に長男は『学習障害』の診断があっても、社会的支援の中で生きていけるような枠組みはまだなく、普通に就職するのは難しいと言われていた時代でした。大きくなったら辛いことがいっぱいあるだろう。「そんな時にやさしくされたら、悪い人についていってしまうのではないだろうか?」と、とても不安な気持ちになりました。

『発達障害者支援法』が施行されたのは、それから十年近くも後のこと。

その時は、「誰も守ってくれない……」そんな心細さが身に沁みました。

障害そのものは軽度でも、二次障害のほうがずっと怖いということを、私は息子に現れた爪噛みや抜毛《ばつもう》などのチックの症状から、知っていました。それが息子の場合、専門家の指導による行動療法で、「認められる」という信頼関係が築けただけで消えてしまったのです。私にとって、その驚きはあまりにも衝撃的で、目に見えない心や精神、或いは認知といったものの力のすごさを、改めて認識した時期でもありました。

その頃、たまたま姉の勧めもあって、心理療法士によって書かれたカウンセリングの実例の本を、読むようになりました。

「人は如何にして心を病むに至るのか？」ということを知れば、若者たちがなぜカルト教団に吸い寄せられていくのかという疑問に、少しは迫れるような気がしました。もしも、子ども時代の母子関係に原因があるのなら、「知らぬ間に我が子に悪い影響を与えていた」ということのないように、育ててあげたいと思ったのです。

時を同じくして、『シンデレラ・コンプレックス』『ピーターパン・シンドローム』などの造語に続いて、『アダルトチルドレン』という心理学用語が広まりつつありました。私は関連すると思われる新刊本を買っては、次々に読破していきました。

子どものためと思って読み始めたのに、所々自分自身にも当てはまることが分かってきて、自分の心が病んでいるなんて、夢にも思っていなかったために、驚きをもって読みました。そして、子どもを問題視する前に、母である私自身にも問題があったのだということに、気付き始めたのです。

息子は二年生になってからの成長が目覚ましく、それはとても喜ばしいことでした。それなのに、なぜか私はどんどん疲弊していくのです。体がだるくて疲れがとれません。時々、夫や姑と衝突すると、それが影響してか、私はやさしい母とは真反対のヒステリーを息子に起こしてしまう。それを抑えるためにさらに疲弊していくのです。私は、必死になって、母は強しの気概で闘っているのだけれど、こんな日々がいつまで続くのか……と思うと、自分の命を削っているかのように感じられました。

そしてついに、私の体にはさまざまな症状が出てきました。円形脱毛症、激しい目眩、息苦しさ、原因不明のじんましんや喘息のアレルギー症状に見舞われ、私は自分の限界を感じざるを得なくなっていきました。医者に診てもらっても「ストレスが原因でしょう」と言われる。怒涛《どとう》のような子育ての日々。母親は私一人しかいない。せっかくうまくいき始めているのに、今、この手を緩める訳にはいかない。頑張りすぎているのではないか？　自分ばかりが、背負いすぎているのではないか？　でも……気持ちは揺れに揺れました。ストレスが原因なら、自分の力で治せるかもしれない。「自分自身の内面と向き合ってみようか……母親自身が救われなければ、子どもを救うことは出来ないから」

そんな静かな、そして、ずっしりとした決意のような思いが、湧き上がってきました。

しかしそれは、思い出したくない過去を思い出すという、さらにきついことでもあったのです。その辛さを乗り越える上で、実家にいる姉の存在が、とても大きな支えになりました。

同じ環境で育った姉の存在がなかったら、私は過去のトラウマを乗り越えることは出来なかったかもしれません。最初に『学習障害』の記事を、新聞の中に見つけてくれたのも、姉でした。その後も、子どもが寝静まってから電話で何度も何度も、お互いの話を聞き合い、自分たちの子どもの頃について語り合いました。世間一般と、少し変わった環境で育った私たち姉妹は、周囲から特別な存在として見られている緊張感から、自分のありのままを肯定的に捉えることが出来なくなっていたのです。そのことに気付かせてくれた姉の存在には、本当に心から感謝しています。

私は自分を大切に出来ていなかった。自分のやりたいことが出来ないまま、母親になっていた。「頑張ったって、どうせ私なんかダメに決まっている」と、臆病で、始める前から否定的な考えしか浮かんで来ない。それなのに、自分の出来なかったことを、子どもにやらせることで満足しようとしていた。そんなもくろみは、子どもが発達障害だったことで見事に打ち砕かれた。何もない自分自身と向き合うのは、逃げ出したいくらいに居心地の悪いことでした。でも、自分の本当の姿を受け入れることが出来なければ、子どものありのままを受け入れることなんて出来ない。

「子どもたちに偉そうなこと、言えるような母親じゃなかったわ……」

そんなふうに過去と向き合う時、姉の存在の他にもう一つ、大きな支えになってくれる存在がありました。それは、私の心の中にすっかり住みついてしまっていた、昔話の登場人物たちでした。

そのリアリティーは、ずっと声に出して絵本を読んでいたからこその賜物でした。彼らは私を、もう一度幼い子どもに戻してくれました。お話に出てくるおじいさんやおばあさん、子どもたちや妖精や小人、言葉を喋る動物たちの存在は力強いエネルギーを発していて、彼らを前にすると、私は重い鎧を脱いで、無防備な子どもの心に戻ることが出来ました。すると、自分がどんなに心細く辛かったか……抑圧していた感情が湧き上がりました。信頼出来る力強い温かさに包まれて、自分の本当の感情と向き合えました。

「私は大人になる前からずっと、誰にも助けを求めずに、一人で頑張って生きてきた」と、自分で自分の労をねぎらいました。簡単なことではなかったし、時間もかかったけれど、そのことに気付くと、「私がこの子をしっかり育てないといけない」と力んでいた肩の力が、徐々に抜けていきました。おとぎ話の世界には、私の応援団がたくさんいました。私はもう一人ぼっちではありませんでした。

一方で、「一人ぼっちじゃないと、警戒心が緩んだ時に、あのカルト教団のようなものに引っかかってしまうんだろうなぁ」とも思いました。

「心を支えてくれる応援団が、あの教団のような怖いものでなくて良かった。私を助けてくれたのが実在する詐欺師でなくて本当に良かった」と、読み聴かせを続けてきたことに心底誇りが持てました。

同時に子どもたちに関しても、大切なことに気付きました。私が子どもの頃、充分に得ることの出来なかった温かく見守られている感覚を、私は知らぬ間に読み聴かせによって、息子たちの心の奥深くに根付かせていたのです。「温かくて力強く、時にユーモアにあふれ、知恵と勇気のある感覚、これをしっかり身につけることが出来たなら、子どもたちはきっと困難に負けず、自分を大切に生きていけるだろう」と思うことが出来ました。長いこと、どう育てたらいいかと、思い悩んでいた答えがやっと見つかった気がして、「地道に続けてきた読み聴かせがあるから大丈夫」と、まずはそこから、肯定的に捉えてみようと思いました。

以前は、問題が起きればその度に、母親の私が解決していかなければならない、という重圧感に苛まれていました。でも、物事を肯定的に捉えるように心がけてからは、徐々にではありましたが、肩の力を抜いて、より一層子育ての中で、読み聴かせを楽しむようになりました。
（お母さんも一緒に子どもになってもいいかなぁ……笑）不思議と、そのほうが子どもも喜んでいるように感じられ、一緒に森の中へ探検に出かけていくようなワクワク感で、楽しさいっぱいに声を出して、いろいろな読み物を読みました。そうすると、疲弊していた私の心は息を吹き返し、日々の困難に立ち向かう生命力を得ることが出来たのでした。

おとぎ話の中に入り込んで、現実にリンクした空想をすれば、身内のこともダメージが少なくて済みました。こんなひどいことを考えてはいけない、ということは、おとぎ話の中ではないのです。現実の中では言いたくても言えないこと、やりたくてもやれないことが、昔話の中にはさまざまに、たくさんありました。それらを楽しむことは、感情の発散につながるのかもしれません。

「しなやかに強い心とは、こういうものなのかなぁ」と、病んでいた心が回復し、新しい感覚で生き始めている自分を感じました。それまでの私は頑なに頑張って、ポキッと折れてしまうような状態だったことにも思いが至りました。

「今までの張りつめた気持ちは、いったい何だったのかなぁ」と、思ったりもしました。

また、宗教関係の勧誘が、子どもや家庭環境をよく知る友人から二件ほどありました。でも、どちらからも「あなたには、神様は必要ないわね」とさじを投げられました。そんな時私は、自分が精神的に自立出来たことを実感し、自分を褒めてやりたい気持ちになりました。まあ、それも、誰も褒めてくれないからなんですが。

つくづく子育てって出来て当たり前。自己変革も、それぞれに出発点が違うから、比べられるものではありませんものね。

第一子の出産後、四ヶ月目から始めた読み聴かせが、母親の私を救うことになろうとは、誰が予想し得たでしょうか。この奇跡のような体験を、私はその後二十年以上もの間、大切にしてきました。そしてその後、昔話は心理学的にも研究がされていることを知り、

「なんと見事に人間の心理を描いていることか。それに素朴で偉ぶらないところがいいなぁ」と私は、世界や日本の昔話に、ますます魅了されていきました。親から子へ

郵便はがき

料金受取人払郵便

新宿局承認

6418

差出有効期間
2020・2・28
まで

(切手不要)

1 6 0 - 8 7 9 1

141

東京都新宿区新宿1－10－1

(株)文芸社

愛読者カード係 行

お名前《ふりがな》			明治 大正 昭和 平成 年生 歳		
ご住所《ふりがな》	□□□-□□□□			性別 男・女	
お電話番号	(書籍ご注文の際に必要です)	ご職業			
E-mail					
ご購読雑誌(複数可)			ご購読新聞 新聞		

最近読んでおもしろかった本や今後、とりあげてほしいテーマをお教えください。

ご自分の研究成果や経験、お考え等を出版してみたいというお気持ちはありますか。

ある　ない　内容・テーマ(　　　　　　　　)

現在完成した作品をお持ちですか。

ある　ない　ジャンル・原稿量(　　　　　　　　)

書　名			
お買上書　店	都道府県　　　　市区郡	書店名	書店
		ご購入日	年　　月　　日

本書をどこでお知りになりましたか?

1.書店店頭　2.知人にすすめられて　3.インターネット(サイト名　　　　　　)

4.DMハガキ　5.広告、記事を見て(新聞、雑誌名　　　　　　)

上の質問に関連して、ご購入の決め手となったのは?

1.タイトル　2.著者　3.内容　4.カバーデザイン　5.帯

その他ご自由にお書きください。

(　　　　　　　　　　)

本書についてのご意見、ご感想をお聞かせください。

①内容について

②カバー、タイトル、帯について

弊社Webサイトからもご意見、ご感想をお寄せいただけます。

ご協力ありがとうございました。

※お寄せいただいたご意見、ご感想は新聞広告等で匿名にて使わせていただくことがあります。

※お客様の個人情報は、小社からの連絡のみに使用します。社外に提供することは一切ありません。

■書籍のご注文は、お近くの書店または、ブックサービス(0120-29-9625)、セブンネットショッピング(http://7net.omni7.jp/)にお申し込み下さい。

と名もない人たちが、何百年、何千年と語り継いで来た昔話は、ただのでたらめな作り話などではなく、困難な状況を生き抜くための奥義であったのだと……その時以来、私はずっとそう思っています。

それから私は、ストレスのために不調だった自分の身体にも目を向け、心と体の関係についても興味を持ちました。

長男の発達障害も、妊娠中の強いストレス状態が影響していたのではないか、その可能性も否定しきれないと考えると、困難な状況に耐えることしか出来なかった自分を、苦々しく思いました。息子の障害がストレスのせいであってもなくても、困難から逃げずに、精いっぱいのことをしてやりたい。そのためには、自分自身が健康でいることが大切と思うようになり、私は三番目の長女が幼稚園の年少になると、近くの公民館の健康体操に通い始めました。それによって、子育てや家族関係のストレスで生じていたさまざまな症状は、心と体の両面から改善していきました。

「自分を大切にする」ということがどういうことなのか、私は三十代半ばにして、ようやく分かってきたのです。変わったのは私の心と体だけ。けれども、それまで相手に向かっていたエネルギーを自分自身に向けてみると、ずいぶんと生きるのが楽になって、体調も良くなっていきました。

子どもの頃、親との関係が健全ではなく、自分が親になった時子どもをどう育てたら良いか分からないということは、決して恥ずかしいことではないし、珍しいことでもないと思います。私は発達障害児の子育てにつまずいて、そのことに気付けたのは素晴らしいことだったと思っています。

読み聴かせは、私の窮地を救ってくれた――そのことだけで充分でした。だから、子どもたちに読み聴かせの効果がどう出るかは、もう、どうでも良くなってしまいました。また、効果を期待していたらそこまで楽しく出来なかったでしょうし、そんなに何年も続かなかったと思います。子どものためにと始めたことが、むしろ、母親のためになっていたなんて、とっても素敵なことだとは思いませんか？

私はそのことだけに感謝をして、それ以上は望まないようにしていたのです。

ところが……その後長男に、驚くような効果が現れ始めたのです。ある日学校から帰ってくると、「学力テストの聞きとり問題が満点だった」と言うのです。淡々とした声で、言葉も少なかったけれど、そのうれしそうだったことといったら！　息子の書字障害は相変わらず改善されず、授業中ノートはいっさいとっていませんでした。私は真っ白なノートを見る度に、湧き上がってくる不安感を抑えるのに必死な毎日でした。しかし、ずっと続けてきた読み聴かせが、聞くことへの訓練になっていると思うと私もうれしくて、ちょっぴり報われたような気がしました。

一年生から二年生へは持ち上がりで同じ担任の先生でしたが、行動療法以来、対応に慣れたらしく、特に私とのやりとりはありませんでした。

息子はその後、学校生活に慣れると力を発揮し始めました。授業を受けながらノートをとることは出来ないのに、テストはちゃんと受けて、得点も平均点に届いていました。不思議に思って聞いてみると、息子は「先生のお話はおもしろいよ」と言うのです。先生のお話というのは、「先生が時々、勉強以外のおもしろい話をしてくれるの?」と問い直すと、息子はそうではなく「授業を聞いているのはおもしろいよ」と言うのです。なんと息子は、授業を母親にしてもらう読み聴かせと同じように、楽しんで聴いていたのです。これには私も驚くやらうれしいやら。そして、ノートをとらないことを咎めなくて良かった、と思いました。なぜなら、発達障害の子どもは、複数の作業を同時に行うことが、非常に困難だからです。聴くことだけに集中出来たことで勉強に興味が湧き、授業に飽きてクラスメートに迷惑をかけることもありませんでした。

母と子で、ほぼ同時期に読み聴かせの効果が実感出来るなんて、なんという幸せなことでしょう。その時から私にとって、発達障害児の子育ては、不幸せなことでなくなりました。それどころか、いくつもの貴重な経験をさせてくれた、感謝すべき存在であり、育て甲斐のある子どもになりました。

5　穏やかな子育ての日々

長男の行動療法や一円玉を使った算数の学習は、思った以上にうまくいきました。でもそれはやり方云々というよりも、赤ちゃんの頃から地道に続けてきた読み聴かせがあったからだったと、私は確信していました。

その理由の一つが、母と子で一緒に同じ世界を共有できたということです。絵本の中にある昔話は、息子にとって、初めて知る未知の世界でしたが、大人の私にとっても新しい発見の連続でした。母子一緒に、おとぎ話の展開には毎回真剣そのもので、生活の中に自然と溶け込んでいました。まるで授業の終わりに必ずある『帰りの会』のように、読み聴かせが家庭生活の一日の終わりに必ずありました。そしてそれは習慣化することで、確実に何かが少しずつ深まっていくのを、お互いに感じていました。

また、二人で常に同じ方向を向いて絵本と向き合うという位置関係は、やらされている感がなく、一緒に取り組んでいる感じがしました。それが、「お母さんはいつも隣にいる」という安心感を体に染み込ませることになったのだと思います。

行動療法を始めたばかりの時、パニックを起こした息子に「ダメなものはダメ」と立ちはだかっても、子どもが母親嫌いにならなかったのは、「お母さんはぼくの味方だ」という確固とした感覚があったからだったと思います。それは頭で理解するようなものではなく、体に染み込んでこそ揺るぎない感覚になるのだと思います。

それからもう一つ、昔話の『起・承・転・結』の流れるようなリズム感を、息子が充分に身につけていたということが、行動療法をスムーズに進めていく上で要になっていたと思います。『課題→行動→はなまる→ごほうび』という、一連の流れは『起・承・転・結』のリズム感に似ていました。一度リズムに乗ってしまえば、後は課題が変わるだけで、同じことの繰り返しだと、息子は早い段階で気がついたようでした。

また、一円玉を使った算数の計算においても、同じようなことが言えます。息子は、一円玉を自分の手で動かすことで、数の増減を量として体で覚え、一つの計算が『起』から始まって『承・転・結』で終わる、というような流れを感じていたと思います。

その上、正解した一円玉はおこづかいとしてもらえるのですから、息子の感覚の中に成功体験のイメージが、確実に刻まれたのではないでしょうか。

それに、同じリズムや流れは何度も繰り返す快さがあります。そのような要因が重なって一円玉学習は習慣化し、息子の計算力は飛躍的に上がりました。

それから、学校で際立って力を発揮したのが『聴く力』です。ここで読者の皆さんに思い出していただきたいのは、息子が小一の夏に知能検査を受けた際には、聴覚が弱いという検査結果だったということです。それなのに二年生になって「先生のお話はおもしろいよ」と答えた息子に、私は感動を覚えました。弱い部分も絶対に克服出来ないものではないのかもしれない、と確信した瞬間でもありました。


こうして、比較的平穏な日々が訪れました。息子のクラスでは三、四年生の時には、担任の先生も替わりましたが、

「少し考慮するところはあるけれど、ほとんど問題ないですよ」

と言われるようにまでなりました。問題行動はほとんどなく、「どちらかというと大人しく、目立たない生徒だ」とも言われました。この時期には私もホッと一息つく

ことが出来ました。長男のことが優先になってあまり目をかけてやれなかった、次男や三番目の長女にも目を向けられるようにもなりました。どの子も、何の心配もないという訳にはいきません。長男に続いて小学校に入学した次男は左利きでしたが、その頃は左利き用のハサミなどなく、何かと時間がかかって劣等感になるのではないかとハラハラしました。幼稚園に通う長女も引っ込み思案で泣いてばかりいました。母親は本当に休みなしですね。

長男もほとんど問題ないとは言え、どうしても習得出来ないことがたくさんありました。

「相手の意図をくむ」ことや、「先のことまで考えて行動する」「集団の中でどう立ち振る舞えばいいのか考える」「上下関係をわきまえる」など。まとめて言えば「空気を読む」というような表現に当たる、教えようのないことばかりです。私は「どうしたものか」と様子を見るしかありませんでした。また、ある一つの経験が、他の経験の役に立つということがあまりなく、一度身につけたことは出来るけれど、初めてのことにはひどく戸惑って、ぎくしゃくしてしまいます。一、二年生の時同じクラスだったお友だちは、そこのところをよく心得ていてくれて、その後も、何かと息子の力になってくれました。息子が戸惑っていると感心するほどよく助けてくれたのです。けれども算数のテストとなると、息子のことを助けてくれるやさしいお友だちよりも、息子のほうが良い点数を採ってきて、私はその子に何か申し訳ないような気すらしました。

他の学習面でも、漢字を書くことは出来ないけれど、習っていない漢字でも読むことは出来る。国語の文法は全くダメだけれど、読み取り問題は満点。かけっこは早いけれど、球技はルールも理解出来ないし、ボールも扱えない。本を読むことはもちろん大好きだけれど、作文は全く書けない……など、普通学級に溶け込んではいましたが、出来ること、出来ないことの差はどんどん開いていく印象でした。

それでも、出来ることは真面目に一生懸命取り組む、という姿勢が共感を呼んだのか、仲間はずれにされることも、いじめられることもほとんどありませんでした。ギャングエイジの元気の良い子どもたち。もちろん小さないじめはあったのでしょうが、その頃になると、息子は精神的にもとても強くなっていました。自閉傾向のある男の子だったので、一人でいてもあまり気にならなかったのかもしれませんが、それでも、どこか筋の通った自己肯定感が漂っていて、いじめる隙を与えなかったように思います。これもまた、昔話にこだわって読み聴かせを続けてきたことに起因すると、私は感じていました。

昔話は子ども向けの言葉でやさしく書かれてありますが、その内容は、決してきれい事ではありません。必ずと言っていいほど不幸な状況から始まり、弱い者が知恵を絞って生き延びるさまが、まざまざと描かれています。

昔話を声に出して丁寧に読むことで、母親の私でさえ率直に「人生って過酷だな」と感じるのです。そう感じると、私自身も自分の置かれている現実を受け入れることが出来ました。そして、簡単に幸せになれると思っていた過去の自分を、恥ずかしくさえ思ったのです。「人生は自分の手で闘って、幸せをつかみ取る旅だ」と考えが変わりました。大人の私がそこまで感じるようなものを、我が子はこんな小さい頃から当たり前に身につけているのですから、精神的にたくましくなるのも納得がいくというものでした。

今の時代、大切に育てられている子どもたちは、物に不自由していません。そういう環境の中で「生き抜こうとするたくましさ」を自然な形で身につけることは、逆に難しいことです。どんなに言って聞かせても、分かるものではないからです。そんな時は、親って無力だなぁと思います。こういう時こそ、先人の力を軽く見てはいけない。昔話は物が豊かになった時代にも真価を発揮するものなんだなぁと、私は実感していました。

長男の学校生活がうまく行き始めてから、休日にはよく三人の子どもたちを連れて、外遊びに出かけました。車で十五分くらいのところに大きな公園があって、プールやアスレチックの遊具が充実していたのです。そこにお弁当を持っていって、一日中遊びました。夏には私も水着になって、一緒にプールにも入りました。長男は水の中が大好きで、怖がらずに潜って遊んでいました。そのおかげで学校の水泳検定では、スイミングスクールにも通わないのに特級でした。フォームはちょっとおかしかったので、「きっと大目に見てくれたのだな」と思いました。

子どもたちは三人とも公園のアスレチックが大好きで、体をいっぱい動かしました。

夕方、帰り道は駐車場まで、

「ジャンケンポン！」

「チ・ヨ・コ・レ・イ・ト！」

「パ・イ・ナ・ツ・プ・ル！」

「グ・リ・コ！」

と大声でじゃんけんしながら帰りました。

夫とはずっと気持ちがすれ違っていてほとんど別行動でしたが、それでも私はその時期、子育てに大きな喜びを感じられて幸せでした。家の中では家事に追われていましたが、外に出れば親子水入らず。公園の芝生の上にレジャーシートを敷いて、おにぎりにウインナー、玉子焼きをつつきながら三人兄妹仲良く、「こんな日々がいつまでも続くといいなぁ」と心から思いました。

しかし、楽しいことばかりではありません。「今のうちにどうしても教えておきたい」ということがありました。それは『暴力』についてです。カッとなった時、息子に悪意がなくても感情のコントロールが出来なくて、手が出てしまうことがあるかもしれない。その時のために、今見せておかなければならないことでした。

ある日、私は息子に、

「お母さんを本気でパンチしていいよ」

と言いました。息子はボクシングのような格好で、私の太ももの辺りを思い切り、何発かげんこつで殴りました。その後患部は青あざになり、私はそれを息子に見せてやりました。

「だから、人を殴ってはいけないんだよ。イタタ……」

と、身をもって教えました。息子は少し驚いたような顔をしながらコクンとうなずきました。

また、四、五年生の時の長男は折り紙に凝って、自発的に難しい折り方に挑戦していました。米粒くらいに小さい鶴を折ったり、鶴の羽のところが二連にも三連にもつながっている連羽鶴を折ったりして、担任の先生や皆を驚かせました。

五年生の夏休みの自由研究は、折り紙で折った恐竜で『恐竜の進化』の系図を作りました。ティラノサウルスやトリケラトプスなど何種類もの恐竜を、図書館で借りてきた難しい折り方の本を見ながら、一つに一時間くらいかけて折っている姿には、母親の私も閉口してしまいました。息子に、

「一緒に折ろうよ」

と誘われても、その集中力にはとてもついていけませんでした。

もちろん、長男には本を読む集中力もあって、ある時、一緒に図書館に行くと児童書のコーナーから動きません。

「もう帰るよー」

と声を掛けても耳に入っていない様子。

「じゃあ、先に帰ってるから、後から一人で帰ってきなさいよ」

と言い聞かせて、先に長女を連れて家に帰りました。図書館は自転車で家から十分くらいのところです。けれども、三時間経っても四時間経っても、帰ってきません。心配になって見に行ってみると、まだ、図書館の同じところで立ったままです。

「まだ、読んでるの？」

と声をかけると『ズッコケ三人組』のシリーズを七冊読破したと。

「立ったまま読んでたの？」

私が呆れて言うと、

「そうだよ」

と涼しい顔で答えていました。

「自分の力でずいぶん読めるようになったんだなぁ」と私は感心し、そこから先の読み聴かせは、だんだんと下の弟妹中心になっていきました。弟妹には長男ほど丁寧にはしてやれず、申し訳ない気がしていましたが、それでも特に「学校で何か良くないことがあったのかな？」と思えるような、しょんぼり帰ってきた時には、ちょっと長めのグリム童話などを丁寧に読んでやりました。

弟には『ジャックと豆の木』のような男の子が主人公のものや、また、人から馬鹿にされている主人公が、ストーリーの後半では逆転して幸運をつかむような話。妹には『灰かぶり（シンデレラ）』や『しらゆき姫』など、いじめられたりだまされたりしても、きれいな心を失わなければ、必ず救われるというような内容の本を読んでやりました。

どんなに落ち込んでいる時でも、長めのお話を丁寧に読んでやると、終わる頃には二人とも不思議と元気を取り戻していました。でも、しょんぼりしていない時にはわざと、次男には女の子の話、長女には男の子の話をしたりしました。異性の気持ちを理解出来るようになってほしかったからですが、どうでしょう？　まだその結果は分かりません。

基本的に私の読み聴かせは読みっぱなしです。私自身が教訓を感じとっていても、子どもに対しては、それを説明したり、その日の出来事に関連付けたりはしません。子どもたちが感じたままを大切にしたいので、静かに本を閉じて、

「はい、おしまい……」

下の二人に多くを望む気持ちはありませんでした。問題を特に起こさずに学校に行ってくれれば、それだけでありがたいことです。三人分け隔てなく接してやりたかったので、下の二人には厳しくするなどということは出来ませんでした。それが良かったのか、悪かったのか分かりません。でも、三人の子どもたちと楽しく過ごしたこの時期に、私は今、少しの後悔もありません。子どもを授かった幸せを存分に味わった、母親冥利に尽きる思い出です。

そして、その時期に私は末の娘に、『ありさちゃんとまほうのグランドピアノ』という創作童話を書いてやり、それを文芸社から出版しました。どの子も、私の大切な子どもです。

そんな私の気持ちが伝わったのか、長男は五年生の時こんなことを言いました。

「人生はロープみたいだね。いいことと悪いことが絡まって一本のロープになっているんだ」

また、こんなことも言いました。

「お母さん、ぼく、人生が分かってきたよ。人生とは夢を実現すること。夢には二種類あってね。一つは努力して獲得する夢。もう一つは待ち続ける夢だよ」と。

我が子の将来を悲観して泣き明かした夜もありました。いつだって不安でいっぱいだったけれど、こんな素敵なことを言われたら、なんとしても道を切り開いていってあげたい。息子の言葉に勇気付けられて、私は、家庭の中だけでなく外へ向かっても、何かしなければと考えるようになっていったのです。

6　たった一人の請願行動

少し前後しますが、もうすぐ四年生も終わりというある日、こんなことがありました。担任の先生から、

「私と一緒に校長先生のところへ行って、五年生の担任には（障害に）理解のある先生をつけてもらえるように、頼んでみませんか？」（一、二年生の頃とは校長先生は替わっていた）

と言われたのです。ベテランのその先生は、見た目は口やかましそうだったけれど、とてもやさしい先生で、四年生になって初めて挨拶に行った時も、

「そうですか。お母さんも苦労なさってるんですね。私にも子どもがいるので分かりますよ。で、私、どう接すればいいですか？」

と、親身になって対応してくれたのをおぼえています。

その先生に連れられて校長室に通され、向かい合って座った校長先生に、

「うちの子は学習障害なので」

と私が話し始めると、校長先生はキョトンとしています。慌てて、

「あのう、学習障害という障害があるのですが、えっと……ご存知ないでしょうか？」

と言うと、

「はぁ……知らないですねぇ」

という言葉が返ってきました。

「もしや」という気持ちと「やはり」という気持ちが、私の中で入り乱れました。当時、学習障害（ＬＤ）児への理解啓発のために、文部省から各小中学校に一部ずつリーフレットが配布されているはずだったのですが、校長先生はそれも見たことがないと言うのです。クラス担任の教員は知らなくても、せめて、校長先生には知っていてほしかった……。

戸惑っている私の様子を、担任の先生は気の毒そうに見ていました。そして、私が校長先生に学習障害について必死になって説明していると、担任の先生も一緒に、

「五年生の担任には、なるべく理解のある方をお願いします」

と頼んでくれました。それでも校長先生は腑に落ちない表情をしています。私は一気に不安な心境に陥りました。

「五年生どころじゃない。中学校に行ったら、どうなってしまうんだろう？」

中学校に行ったら、教科ごとに担当の先生が替わります。その一人ひとりの先生に、こうして理解を求めに行かなければならないのでしょうか？　これまでは幸運にも理解のある先生に恵まれてきたけれど、それでも担任が替わる度に頭を下げ、理解を求め、神経をすり減らしてきました。私は「米つきバッタ」という虫のように、何度も何度も頭を下げ続けてきた自分を惨めに思い、「もうこれ以上は無理だ」という、追い詰められた気持ちになりました。

いじめ、校内暴力、不登校、自殺など、全国的に当時の中学校には、問題が山積していました。ノートをとることが出来ずに、勉強についていけなくなる。いじめの標的になる。そうなれば不登校になるしかありません。そして、中学が終わると義務教育も終わってしまいます。その後の進路はどうするのでしょうか？

校長先生と話して以来、そんな不安が頭の中をグルグル駆け巡るようになりました。もう個人の努力だけでは限界だと、認めない訳にはいきませんでした。

そんな事情を実家の父に話すと、

「市議会に請願を出してみたらどうだ？」

と勧められました。

「え?! 無理でしょ（笑）」

私は本気にしませんでしたが、父は、

「そんなことないさ」

と大まじめに言います。

私は何かの組織に入って、活動するのはいやでした。なぜなら、忙しく外に出ることが多くなれば、自分の子どもがほったらかしになってしまい、本末転倒だと思ったからです。父にもそのように話すと、

「請願は一人でも出来るから、どうなるか分からないが、出すだけ出してみればい

い」

と言うのです。確かに父は仕事上そういった手続きに詳しかったので、手順だけでも聞いておくことにして、「まさか」とは思いながらも頭の片隅に記憶しておきました。

長男が五年生の夏休み、三人の子どもを連れて、実家に帰郷した時のことでした。

二学期が始まり、子どもたちが学校や幼稚園に行っている時のことです。

「請願を出すならそろそろやらないと、中学には間に合わないなぁ……」と、そんな思いが私の頭の中を通り過ぎていきました。

「でも、請願なんて大それたこと……。誰も振り向いてくれないよねぇ……」

窓の外、流れる雲を見ながら、ぼうっと考えていました。こんなに頑張ってきたのに、中学になったら何もかも崩れていくのかぁ……もう精も根も尽き果てたなぁ……。と、意識が薄れていくような中、突然、強烈なイメージが浮かんで、目が覚める思いがしました。

「えっ、なんで？」

それは『桃太郎』のお話でした。

イヌやサルやキジは、どうして、

「ももたろうさん、ももたろうさん。おこしにつけたきびだんご。一つ私にくださいな」

と、いとも簡単に言うことが出来たのか？

もしも私だったら？「どうせ頼んだって もらえやしない」と考えるに違いない。

「くださいな」なんてとても言えない。

桃太郎のほうだって「これは自分の分だから、いやだよ。どうして見ず知らずの動物たちに、おばあさんが作ってくれたきびだんごを、あげなきゃいけないんだい？」

と言うに決まっている。なのに、どうして⁇ 桃太郎のお話ではいとも簡単に、もらったりあげたりしている。

「素直に、助けてくださいって頼んでみようか……。もしかしたら、壁を作っているのは自分のほうなのかもしれない」と、『きびだんご』のイメージがきっかけとなっ

桃太郎さん!
きびだんご一つくださいな
くださいなー
やだよ これは私に おばあさんが作ってくれたんだ 何で見ず知らずの動物《ドウブツ》たちに あげなきゃいけないんだい?
…とは言わなかったなー 桃太郎は
素直《スナオ》に お願《ねが》いしてみたら いいのかも…
いいよ おだんご あげよう
本一
みんなで 鬼たいじに 出発!
こうして私は 請願《セイガン》を実行《ジッコウ》に 移せました
桃太郎さん ありがとうー

て、私の脳裏には一瞬のうちに道が開けていきました。

「そうか！　そういうことなのか！」

断られることが怖いから、私は一方的に「そんなことあり得ない」と、決めつけていたのです。恐れずに行動すれば必ずきびだんごはもらえるのだと、桃太郎のお話は私に、まるで啓示してくれたかのようでした。

気持ちが変わらないうちにと、私はさっそく請願の準備を始めました。

「政党や会派には関係なく、どの議員さんにも分かってもらうためにはどうしたらいい？」

私は請願書そのものに、一人の母親の「助けてください」という思いを素直に書くことにしました。

「ももたろうさん、ももたろうさん、おこしにつけたきびだんご、一つ私にくださいな」

この言葉のように、悪びれることもなく、恥じることも余分に欲しがることもなく、今必要な分だけくださいと言ってみることにしたのです。それは、やってみると意外と難しいことでした。「どうせダメに決まっている」という否定的な思いが、何度も何度も押し寄せてきました。

それでも、息子が言ってくれたあの素敵な言葉を思い起こし、負けたくない気持ちで必死にもがくと、ふと、温かい『何か』が私の胸の中になだれ込んできます。

「私は決して、一人ぼっちじゃなかった」

そう、私の心の中には、かわいい昔話の登場人物たちが住んでいて、「わっしょい、わっしょい」「おさるのお尻はぬらすとも、ママのお目々は（涙で）ぬらすなよ」とでも言うように、運んだり背中を押したり、応援団が大騒ぎを始めたのです。ありがたくて目頭が熱くなりました。もう、こうなるとやらない訳にはいきません。

私が書いた請願書を、議員さんたちはどんな顔で読むのだろう。……そう考えると、議員さんたちがまるで、鬼のように怖く思えました。でも、次の瞬間には「負けるものか」と思い返す。怖がっているから気張りすぎる。気張らないで、力を抜いて、素直な気持ちで……きびだんご一つ私にくださいな……そうやって書いた請願書が次のようなものでした。

【請願の趣旨】

ＬＤ（学習障害）児は、集団に馴染むのが難しく、読む、書く、計算するなどに独特の困難さを抱え、学校生活の中で大変な苦労を強いられています。医療機関でＬＤ児と診断されても、教育現場での適切な受け皿がなく、現段階では担任教師の理解のみが大きな支えです。親は子どもの担任が替わる度に学校へ出かけ、ＬＤについて説明し配慮を求めなければならず、常に心労が絶えません。

その上、中学校では教科によって担任が替わったり、周りの子の成長に追いついていけなかったりと、親からの働きかけだけでは対応しきれなくなってしまい、「いじめ」や「不登校」などの問題を起こしがちになるようです。ＬＤ児にとって中学校時代は、一番つらい時期と言われています。

近年、ＬＤ（学習障害）という言葉が、ようやく教職員の間にも知られるようになってきましたが、教職員個人の学習意欲にまかされており、行政が責任を持って学校関係者への指導をしてくださいますよう、お願い申し上げます。

【請願事項】

一、文部省が発刊しているリーフレット〝みつめよう一人一人を〟を増刷して、小中学校（特に中学校）の全教職員に配布し、LD児への正しい理解をうながしてください。

二、研修会などにLDの専門家を招いて、教職員が正しい知識を得られるようにしてください。

三、必要に応じて、加配、複数担任などの手段を得られるようにしてください。

書き終えると、「もう、これでダメでも、悔いはない」と思えました。【請願の趣旨】には助けてほしい母親としての思いのたけを、【請願事項】には多くは求めず、これだけあればなんとか中学時代を乗り切れるであろう、最小限のことを書きました。そして、教育委員会がやる気になれば、すぐにでも出来そうなことだけを盛り込みました。

この請願書の下書きを、かつて私が涙を流しながら読んだ『ぼくのことわかって』という啓発の冊子と、私の自筆の手紙と一緒に同封し、市議会議員の常任委員の方々全員に郵送しました。

三日経ち、四日経ち、「ご連絡お待ちしております」と自宅の電話番号を書いたのに、一向に誰からも連絡がありません。やっぱり誰も相手にしてくれないなぁ……。そんな不安な気持ちの時も、私の中の応援団は相変わらず元気でした。そのおかげで、私は自暴自棄にならずに済み、改めて「自分から壁を作らないこと」を、胸に誓いながら連絡を待ち続けました。

連絡がないまま一週間ほど過ぎて、私は自分から電話をかけてみることにしました。すると一人、熱心に話を聴いてくれる若い議員さんがいました。私は、とりあえず会ってみることにしました。わざわざ自宅まで話を聴きに来てくださったその方は、早くに父親を亡くしたことや、海外の被災地でのボランティア活動などをきっかけに市議会議員に立候補したこと、障害者の問題にも取り組んでいること等々を話してくれました。

電話口でも感じ良く思いましたが、実際に会ってみると、如何にも人を惹きつける雰囲気があり、若さと情熱にあふれていました。その方から、請願書を提出するには、紹介議員を募らなければならないことを説明され、

「私が一緒に行ってあげましょう」

と、その場で日程が決まり、私はその方についていくことになりました。

この時、息子は五年生。市議会は十二月議会が始まるところでした。数日後、私はその議員さんに連れられて、初めて各会派の議員控え室に入っていきました。オドオドしている私を励ますように、その議員さんは、

「さあ、さあ！　僕は連れてきただけだから、自分でお願いして」

とせかします。これには、来られたほうもびっくりです。

「どこの団体？　え？　あなた一人で来たの？」

「すいません……。は、はい、私一人で」

「署名はどれだけ集めたの？」

「え？　署名？　全く考えていませんでした（汗）」

「ええ？　署名を集めもしないで来たの？」

「はい、ないとダメですか？」

「う～ん」

「あ、そう言えば、何かが送られてきていたわねぇ」

「そうです。それ、私が送りました」

「この請願書、あなたが書いたの？」

「はい、私が……」


侮蔑的なことも言われましたが、頭を何度も下げてお願いしました。結局断る理由が見つからなかったためか、お願いした各会派の議員さん七名全員から、紹介議員のサインをいただきました。「やれやれ」と思っていると、連れてきてくれた議員さんから、

「請願書はご自分で読み上げますか？」

と言われ、

「えっ、どこで？」

と聞くと、

「委員会で」

「ええ⁉」

えらいところに来てしまったと、冷や汗が止まりません。

「とーんでもない！　ム、ム、ムリです！　やらなきゃダメなんですか？」

と顔から火が出そうになりながら聞くと、

「ハハハ。大丈夫ですよ」

と、からかわれたようでした。

こうして、私が一人で出した請願は、平成十年（一九九八年）十二月、大宮市（現在はさいたま市）議会において、発達障害に関わる要望として初めて、全会派一致で可決したのでした。

今思うと、あれは……何だったのでしょうか？　たった一人の母親の出した請願が、あれよ、あれよと市議会で可決になり、後日議長から私宛に、「下記請願は、平成十年十二月十八日の市議会本会議において採択と決定したので通知します。一、ＬＤ（学習障害）児対策について……」との仰々しい書面が送られてきました。震える手でそれを読んだ私は、それまで経験したことのないような、嬉しい心持ちになりました。

私は、決して勇ましく、請願行動に打って出た訳ではありません。恐れずに行動するということは、虚勢を張ることではありませんでした。もともと私が抱いていた請願のイメージとは、だいぶ違いました。素の自分では、決して出来そうもないことを、昔話がまさしく後押ししてくれたのです。相手を鬼にするのは、自分自身が怖がっているからだと学びました。恐れず悪びれず、ありのままを心からお願いしたら、こんなにもすごいことが起こってしまった！　その時私はまるで、宝物を授かって「ありがたや～」とびっくりして手を合わせている、昔話のおばあさんのようでした。魔法や奇跡って、本当にあるんじゃないかしら？　と私は、半信半疑にも思わずにはいられませんでした。

年が明けると、教育委員会はさっそく新年度に向けての教職員研修会に、学習障害（ＬＤ）の専門家を招いてくれました。十二月議会から二ヶ月あまりしか経っていないのに、です。加配教員についても、急ぎ県教委に依頼するとのこと。その対応の迅速さにも驚かされました。

その上、最初に力になってくれた議員さんも、その成果を政治的に利用する訳でもなく、単に一つの仕事を終えただけというふうに、次の仕事へと移っていかれました。

私もまた、これを自分の成果と驕《おご》ることはありませんでした。なんと言っても、昔話のおかげです。この奇跡を活かせるかどうかは、これからの私たち次第。まだ、本当の結果は出ていないのです。

「にーとやふりーたーにはならないようにしたいとおもいます」と作文に書いた息子を、なんとか働ける大人に育ててやりたい。それまでは、請願のことは黙っていようと、そっと心に決めました。

きっと我が子の他にも、この請願で助かった子どもたちがいたでしょう。そういったことも、陰ながら喜ぼう。そんな温かさが、胸にあふれていました。


その後、小学校最後の第六学年。長男は心配していた修学旅行、運動会の組体操も見事にこなし、晴れて卒業式を迎えました。

そこの小学校では卒業式に、中学校の制服を着て出席するのが通例でした。成長期であることを考慮して、大きめでブカブカの学生服を着た息子の姿に、生まれてからこれまでの奇跡の数々が、走馬灯のように私の脳裏を駆け巡りました。拭っても、拭ってもあふれる涙。その涙は、無事に小学校の卒業式を迎えた喜びであり、数々の奇跡に対する感謝の気持ちでもあり、しかしまた、中学校への不安な気持ちの表れでもありました。

なかなか前途洋々というわけにはいきません。息子が卒業文集を手書きで書いた時、未だにひらがなしか書けていないことに改めて驚きました。せめて、カタカナくらい書けるように面倒を見てあげれば良かったのでしょうか。そろそろ親離れも考えなければいけないし、本当に、どうすれば良かったのか……。

「英語も入ってくるのになぁ」

請願が通ったとは言え、何が待っているか分からない中学校。環境の変化に弱い息子はどうなってしまうのだろう……。不安は尽きることなく、後から後から押し寄せてくるのでした。

7　障害者から健常者へ

地元の中学校は、それまで通っていた小学校と、細い通学路を挟んで斜めに向かい合っています。その上、学区も小学校と変わらないので、私立中学などに行く子どもたちを除いて生徒の顔ぶれは変わりません。地域の人たちからは「公立でありながら、まるで付属校のようだ」と言われていました。環境の変化に弱い息子にとって、それはとても好都合で貴重な安心材料でした。

入学式が終わると、クラス分けの通りに各教室へ分散します。保護者はその後、役員決めがあります。それも終わり、参加者が帰り始めると、私は、いつものように担任の先生に挨拶に行きました。きっと入学早々、変な親だと思われるのだろうと、おずおずしながら、

「あのう、うちの子には学習障害という障害がありまして……」

と言いかけると、そのまだ若そうな男の先生は、

「お母さん！　学習障害というのはね、接し方次第で、ずいぶん違うものなんですよ」

と、母親の私に教え諭すように言うのです。初めての反応に、私は拍子抜けしてしまいました。そして、こう思いました。

「そうか！　きっと教育委員会が開いた研修会で、学習障害について勉強したんだ」

と。そして次の瞬間、

「その請願は私がやりました」と言いそうになりましたが、私はその言葉をのみ込みました。

請願が通った時、このことは誰にも言わないようにしようと決めていたからです。そして何よりクラス担任の先生の反応が、私は飛び上がるほどうれしかったのです。あの日、今やらないと中学に間に合わないと、意を決して行動したことが、今、目の前で叶っている！　ただそれだけで、もう充分でした。

学校からの帰り道、それまで張りつめていた力が一気に抜けて、一人歩きながら、「教育委員会の力って、すごいなぁ」と感心していました。小学校の六年間、学習障害（ＬＤ）について説明し、理解を求め続けてきましたが、その労力や心労が一気になくなってしまったのです。私はそれきり、教科担任の先生方に会いに行くこともなく、しばらく様子を見ることにしました。

部活動は、前の年まで運動部か吹奏楽部しかなく、どれも息子には合わないような気がしていました。が、息子が入学した年度から『技術・家庭科部』というのが出来て、息子は自分でその部に入ることを決めてきました。出来たばかりの部なので、上級生はいなくて部員は少なかったのですが、なかなかおもしろい活動をしていました。印象深かったのは、校舎の裏に田んぼを作ってお米を育てていたことです。収穫してご飯を炊き、おにぎりにして食べるところまでやったそうです。学校開放で部活動の様子を見に行くと、玄米を一升瓶に入れ、棒で突いてぬかをとっていました。ザクッザクッと音を立てて皆で交代しながら突いている様子が、心配していた中学校生活とあまりにもかけ離れていて、「いい雰囲気だなぁ」と思いました。

小学校入学当初の息子は、集団生活の規律を守り先生の指示に従うことが出来ませんでしたが、それは行動療法によって改善されました。その効果は中学でも薄れることなく、特に部活動に活かされていました。学校の花壇の整備は、技術・家庭科部の活動とされていたのですが、冬の寒い時期でも息子は黙々と花を植え、他の生徒がサボっている時でも、変わることがありませんでした。それは校長先生の目にも止まり、

「我が校の花壇がいつもきれいなのは、技術・家庭科部の○○君のおかげです」

と朝礼で話されたそうです。北風の中、パンジーが咲きそろう花壇の風景が、私の目にも沁みました。

心配していた英語は最初は無理に書かせずに、単語のカードを作って、肯定文、疑問文、否定文の並び替えを家で何度もやりました。現代国語の読み取りは問題なくこなしましたが、数学は途中の計算を頭の中でやってしまい、いきなり答えを書くといった具合でした。途中の式も書くようにと先生から注意を受けましたが、まずまずの点数を採れていました。

しかし、社会の定期テストで五点を採ってきた時には、「さすがに中学では、聞いているだけでは通用しないな」と、慌てて試験対策をさせるようになりました。

部活動も各教科も、先生方の対応は思った以上に良く、何度も「教育委員会が動くとこんなにも違うものか」と感心したものです。私は「やっと、普通の母親になれた。子どもを安心して学校に通わせられるっていいなぁ」と、心から思いました。

中学一年の秋頃だったと思います。中学校生活にすっかり慣れた息子のノートを、ふと見ると、細かい字がびっしりと書いてあります。「これは、いったい……」と私が呆然としていると、息子が、

「書けるようになったんだよ」

と言うのです。

「ん？」

「だから、書けるようになったんだよ。急に」

「え〜　急に⁈」

難しい漢字もちゃんと書けている。内容も、授業を受けながらノートをとっているもののようです。それにしても、急に書けるようになったとは、どういうことなので

しょう。

ほんの一年前までは、ひらがなしか書けない、書字障害を負っていた子が……。

「発達が追いついたんだ」

私は母親の直感で、そう思いました。

「はぁ〜こんなことって、あるんだ！」

自然に能力が伸びる時期まで、下手にいじらなかったのがかえって良かったのでしょうか。息子が小学校の卒業文集でカタカナが書けていなかったことに、自分の責任を感じていたものの、「無理強いしなかったことは正解だった」とホッと胸をなで下ろしました。

子どもが文字を書くことを習得する時期に、私はひたすら読み聴かせをしていました。毎日毎日私の声を聴いていた息子は、聴覚を先に発達させたのでしょうか。そして書くことは出来なくても、文字を視覚的に捉えていたに違いない。そうでなければ、急に書けるようになるはずがないと思いました。

本当に息子には、心配させられたり、驚かされたり。まるで、ジェットコースター

小学校の卒業文集《ソツギョウブンシュウ》では…
カタカナも書《か》けてない…私の責《セキ》任《ニン》かしら
おもいで
無理《ムリ》にでも教《オシ》えたほうがよかったのか…
でも私ができることは読みきかせだけ
ところが中1の秋…
ん？
このノート！細《コマ》かい字がぎっしり漢《カン》字《ジ》もちゃんと
ぼーぜん
あ それ授《ジュ》業《ギョウ》のノート
どうしたの!? これ
書《カ》けるようになったんだよ
えーっ
いっ!? いつのまに!?
急《キュウ》に
ぱにっく
どーしてーっ!?
うれし泣き
さあ…
こんなこともあるんですね

に乗っているようです。

文字が書けるようになってからというもの、息子はほとんど普通の中学生として、学校生活を送りました。ただ、休み時間などは、いつも本を読んでいて、友だちと会話することはあまりなかったようです。話したい気持ちもあったのでしょうが、会話で何か失敗経験があったのか、わざと無口を装っているようでもありました。なぜなら、

「黙っていたほうが賢そうに見えるだろ?」

などと、息子が言っていたことがあったからです。

とにかくそうやって一人で読書ばかりして、周囲とあまり関わらなかったためでしょうか。いじめられることもほとんどなく、入学前に描いていた心配事は、取り越し苦労となりました。

一緒に行動するような友だちは出来ませんでしたが、息子は息子のペースで成長しています。それを乱さないように見守ってやるのが、母親の役目だと思いました。

中学二年の夏くらいから、私は、高校進学について考え始めました。三年生になってからでは遅いと思ったのです。次男と長女も連れて「文化祭に遊びに行こう」と誘って、いろいろな高校を見て回りました。発達のゆっくりな長男にとって三年間はとても短く、中学校生活に慣れたと思ったら、もう次の高等学校という具合では、本人が混乱してしまうと思ったのです。

何校か巡っていると、息子は工業高校に展示してある機械類に興味を示しました。もともと理系が得意だった息子は、

「こういう高校なら、行ってみたい」

と言うのです。本人のやる気が一番大切だと考えていた私は、

「よし、工業高校に入ることを目標にしよう」

と決めました。

工業高校の受験の目安となる「学校での成績」には問題ありませんでしたが、一発勝負の入学試験が心配でした。併願の私立高校には工業科がなかったからです。

しかし、息子の成績は二年生の後半から順調に伸び、三年二学期の成績の結果、

「この成績なら、学校推薦を受けられますよ」

と担任の先生に告げられました。

「あの、学習障害でも推薦してもらえるんですか？」

と、私が戸惑っていると、先生は、

「彼はもう、心配ないでしょう」

と笑顔で言われました。


こうして息子は学校推薦を受け、工業高校の電気科へ進学しました。私は、

「ここから先は健常者として生きてゆけるのではないかしら。高校では、何か問題を起こすまでは、こちらから学習障害のことは、言わないでいてみよう」

と決めました。


息子は、一日も休まずに登校し、成績も常にクラスで五番以内に入っていました。二年生の時には、『電気工事士二種』の国家資格にも合格し、これはクラスで二人だ

けの快挙です。長男は、学校ではもちろん家庭の中でも、もはや、障害者ではありませんでした。

でもいつまで経っても、友だちと世間話をするというようなことにはなりません。必要なことだけ話して去っていく、歩く時も人と歩調を合わせないで一人で歩く……服装には無頓着で、暑さ寒さによって上着を着たり脱いだりも、言われないと気付かない等々、特に生きていくことに困る訳ではないけれど、周囲が、

「えっ？」

と違和感を覚えるような不自然さが、ままありました。

三年間替わらなかった高校の担任の先生も、他の生徒とはどこか違うと感じていたようで、三年生になって就職か進学か、という三者面談では、

「成績は良いけれど、働くのはまだ無理そうですねぇ」

と言われました。

その時私は、初めて障害について先生に話し、もしも行けるものならば、大学に進学させたいと話しました。

工業高校からの大学進学は、ほとんどが学校推薦です。息子は成績が良かったことと、国家資格に合格していることから、希望の工業系の大学に進むことが出来ました。

大学の講義は選択制です。高校までと違って自分の席というものがなく、自発的に動かないと、単位を取得することが出来ません。私は、息子が人と一緒に行動することが出来ないのならば、何でも一人で出来るようにならなくてはと考えました。大学生活では勉学はもとより、自分で判断して自分で行動するという訓練もしてほしいと思ったのです。

息子は大学も四年間ほとんど休まず、良い成績を収めました。私の期待通り、何でも自分で調べて行動し、履修などに困ることはありませんでした。

一方息子にとっては、どうやって友だちをつくるのか、人間関係のほうが捉えどころがなく、全く分からないといった感じでした。

私はいつしか長男が障害者であることを、忘れていきました。友だちはいないけれど、家庭の中では気持ちも穏やかで物知り。当時中学生だった長女も数学を教えてもらうなど、能力的にも性格的にも「お兄ちゃんはすごい」と認めていました。

三年後には、次男も芸術系の大学に進学しました。ゲーム制作の自主的グループにプログラマーとして参加し、制作したゲーム三作品は、全てアマチュアコンテストで、優秀賞を受賞したのです。小さい頃新しいゲーム機を買ってもらえなかった次男は、自分でゲームを創ることを目指しました。読み聴かせの効果かどうかは分かりませんが、次男もずいぶん独学でプログラミングの勉強を頑張り、自分の夢を叶えていきました。

そんなふうにしばらく何の問題もなく健常者として生きていた長男でしたが、大学四年生になると、さすがに就職のことが心配になってきました。

しかし、就職活動も本人の自主性にまかせて、しばらく様子を見ることにしました。

そんなある日ゼミの先生から、

「ご子息が、就職活動をしていないようですが」

と電話をいただき、そこからまた、苦難の道が始まりました。

人とほとんど喋らない息子にとって、多くの会社の中から自分で行きたいところを選び、試験や面接を受けて就職を決めるなんて、何から手をつけたらいいのか分からなかったようです。

息子は高校から大学まで、健常者として生きてきました。今さら誰かに頼ることも出来ません。私が手伝って三社ほど受けてみましたが、書類審査では通っても、面接で不採用になってしまいます。人と向き合うのが不得意でほとんど喋らないのですから、無理もありません。しかも、電気設備関係は、仕事にチームワークが要求される職種です。周りとの連携が特に不得意な息子には向かないことを痛感しました。

その年は特に就職率が低く、何社受けても就職が決まらないという声を、あちこちで聞きました。そのため、仕事が決まらないまま大学を卒業するというのも、それほど珍しいことではなく、息子もまた、その中の一人として卒業することになりました。

その後息子と「あまり人と関わらずに、一人で淡々と出来る仕事のほうが良いのではないか」と話し合い、大学卒業後、専門学校でパソコンの技能を身につけることに。資格も『基本情報技術者』など、ＩＴ関係の資格を複数取得しました。

そこからようやく派遣会社の契約社員になることが出来ました。インターネットのサーバー制御の仕事です。夜勤のある仕事で私は心配でしたが、息子は「やってみなければ分からない」と、その仕事に前向きに挑みました。

8　社会人への壁

初めての職場は、通勤時間が一時間半ほど。都内のビジネス街にある高層ビルのワンフロアに、インターネットのサーバーがズラリと並んでいます。機器の不具合に対応する仕事で、日勤と夜勤と休みが三日ずつあるきつい仕事でしたが、息子は一日も休まず、他の欠席者の代わりまでして頑張っていました。

しかし、一年半後契約社員として次の更新となった時、電話対応が出来ないことを理由に契約を打ち切られてしまいました。しかし、息子が真面目に勤務していたためか、意外にもその派遣会社では「取り引きのある他の会社に紹介するから」と言ってくれました。会社の人も、息子の能力の凸凹をどう理解したら良いのか、戸惑っているようでした。

社会人になってまで……と思いましたが、私は会社の担当者に手紙を書きました。息子が小学生の頃、学習障害と診断されていたことを明かし、お世話になった感謝の気持ちを書き、公的機関に相談したほうが息子のためになると考えて、紹介の件はお断りする旨を伝えました。

約十年間、健常者として生きてきた息子でしたが、社会人への壁は厚く、私たち親子はもう一度、障害と向き合わなくてはならなくなりました。

インターネットで調べてみたところ、息子が健常者として生きている間に、行政による発達障害者への対策は、だいぶ進んでいることが分かりました。

二〇〇五年に『発達障害者支援法』が施行されていることも、私はその時初めて知りました。私の提出した請願が、市議会で採択されたのは一九九八年。法の施行よりさらに七年前のことでした。その後、発達障害者の対策のために、どれほど多くの人が行政に働きかけてきたことか。見ず知らずの方々のたくさんの頑張りによって法律の制定までこぎ着けたことに、私は頭の下がる思いがしました。

私は改めて息子に、小学校一年生の時ＬＤと診断されていたことを話しました。しかし、息子には自分が障害者であるという自覚が全くありません。不快感が明らかに顔に出ていました。それはそうでしょう。健常の人よりも出来ることだってあるのです。それに私は、息子が小さい頃から、障害児であることを意識させずに育ててきました。ですから、息子もそんなこと、知る由もなかったのです。ある日突然「あなたは障害者だ」と言われても、簡単に受け入れられるものではありません。

私の話に不快感を示した息子は、自分の部屋にこもってしまいました。しかし、しばらくして出てくると、

「ネットで見てみたけど、う～ん、どうも、当てはまっているみたいだね……」

と言うのです。私は「こんなふうにすんなり受け入れられるなんて、偉いな」と思いました。

まだ少し戸惑っている様子がありましたが、本人が「自分は発達障害であるらしい」ということを受け入れたので、『障害者支援センター』に相談に行くことを勧めて、さっそく予約を入れました。

後で支援センターの担当者から聞いたことですが、息子は「仕事中、なぜか相手を

怒らせてしまう」と言っていたそうです。それを知らずにいた私は、あんなに頑張っていた息子が、毎日のように先輩社員や上司に叱責されていたことを思い、とてもかわいそうで切なくなりました。

いくら資格を複数取得していたとは言え、健常者として就職させてしまったことを申し訳なく思い、「なんとか働ける大人に育ててあげたい」という母親の思いが強すぎたのだろうか、と自責の念に駆られました。

支援センターでの相談は親子別々で、私のほうは、小さい頃からの様子も詳しく聞かれました。そして、小一の時に診断を受けていたために、発達障害であることが認められ、『精神障害者保健福祉手帳』を取得出来ることに。手帳を取得すれば、障害者雇用枠で働くことが可能だと、アドバイスを受けました。

息子はその時はまだ、「自分はどこも悪くないのに」障害者手帳を手にすることが受け入れられず、抵抗感があったようです。自分が障害者であることをつい一ヶ月前までは、考えてみたこともなかったのですから。私は、息子の気持ちが収まるまで、少し時間がかかるだろうと思いました。

息子は一人で何回か、支援センターにカウンセリングに通いましたが、やがて「仕事のために」と、自分の気持ちに折り合いをつけたようでした。

その後、メンタルクリニックで検査を受けると、結果は『広汎性発達障害アスペルガー症候群』でした。学習障害は克服したということでしょうか。コミュニケーションの障害だけは、克服することが出来なかった……私は、そう理解しました。

その検査結果をもとに診断書を書いてもらい、市に障害者手帳の申請を出しました。

息子は健常者と障害者の狭間で紆余曲折し、着地するまでに長い道のりがありました。手帳の申請をしてから約一年後、改めて職業訓練を受けた息子は、ある企業の障害者雇用枠で、パソコンを使った事務の仕事に就きました。今では、何の問題もなく働いています。以前出来なかった電話の対応も、出来るようになったそうです。それは、配慮のない環境では出来なかったことも、配慮のある環境でゆっくりと慣れていけば、出来るようになるということを示していました。

職場までの通勤は、二時間近くかかります。それでも息子は、少しも苦にならないと言います。きっと、もっと辛い思いをたくさん経験してきたのでしょう。

それ以来、息子は一生懸命働き、穏やかな日々を過ごしています。四年制大学を出て、さらにまた二年間の専門学校と職業訓練にも行き、ずいぶんと遠回りをしました。

それでも自分で働いてお給料をもらい、お金の管理もちゃんと出来ている息子を見ると、小学生の頃一円玉を使って計算の勉強をし、おこづかい帳をつけたあの幼い日の姿が重なります。これまで頑張ってきたことは無駄ではなかったと、母親としては感無量です。

時々、映画のチケットやランチを私におごってくれます。そのご飯のありがたくて美味しいこと。「一緒に出かけられる友だちがいるともっといいのに」とも思いますが、それはまた、ゆっくりと考えていけばいい。お互いに長い、長い闘いだったのだから、少し羽を休めましょう。

私はと言えば、子離れのためにパートで働いたり、趣味に没頭したりしました。家でやらなくなった読み聴かせは、地域でのボランティア活動、そして朗読教室へとステップアップして、今では舞台で語り部をするまでになっています。朗読教室の講師としても活動しています。これらは全て、我が子に読み聴かせをしてきたことがきっかけです。人生とは分からないものですね。

こうして、人前で話をするようになってみると、「息子も聴いているだけでなく、声を出して話すこともしていれば、もう少し訓練になったのかもしれないのになぁ」と、今さら残念に思うのです。そう、面接や職場での電話対応等に役立ったかもしれません。つくづく「人間とは言葉を聴く力と話す力がないと、社会に適応するのに苦労するものなのだなぁ」と思います。

自分の子どもが『発達障害』と診断を受けると、親はどうしても学力が気になってしまいます。でも実際には、成人した発達障害者の親が一番困っていることは、コミュニケーション力がないということなのです。

発達障害児が小さいうちから、ソーシャルスキルトレーニングをどのように取り入れていくか、それがこれからの非常に大きな課題だと、子育てを終えた者として痛感しています。

9　昔話と発達障害

私は、発達障害の子どもを授かったことを、決して不幸だとは思っていません。発達障害を通して人の個性というものを、より深く理解することが出来て、夫や姑ともなんとなくうまくやれました。そして何よりも息子の存在のおかげで、多くの昔話に出逢えました。それは私の生き方に大きな影響を与えました。

私は、時々思うのです。『一寸法師』や『たにし長者』などは、体が普通の子どもではありません。もしかしたら、障害を抱えた子どもたちの話なのではないかと。それでもおじいさんとおばあさんは、「子どもは天からの授かりもの」とばかり大事に、大事に育てます。そして、「都に行きたい」という一寸法師にはおわんの舟と箸のかいを、馬に乗りたいというたにしの子には立派な馬を与えて、彼らの自主性を重んじます。昔話の子育てには、よくおじいさんとおばあさんが出てきますが、現実の親にはなかなか出来ない理想像ではないでしょうか。

イギリスの昔話『ものぐさジャック』の、ジャックと母親のちぐはぐなやりとりは、まさしく発達障害の息子と母親のようです。彼は、一度も笑ったことのないお姫様を笑わせて王様に気に入られ、最後にはお姫様と結婚するという快挙を成し遂げます。

オオカミの誘いでおばあさんのことを忘れ、辺り一面の草花に心を奪われてしまう『赤ずきん』は、一人で森の奥まで行ける女の子なのに、おばあさんがオオカミと入れ替わっていることにも気付きませんでした。

『ジャックと豆の木』のジャックもあまり働き者ではなく、誰も仕事に雇ってくれなかったので、牝牛を売りに市場まで行く羽目になったのです。その途中、見知らぬ老人の持つ豆と牝牛を取りかえてしまい、おっかさんにこっぴどく叱られます。そこから誰もが知っている、豆の木に登ってゆき、宝物を手にする物語が始まるのです。

こうした昔話の主人公たちはハプニングを起こしながらも、人生を豊かにしてくれる存在なのではないでしょうか。私にとっての息子も、まさしく彼らと同じでした。

私も発達障害の息子のおかげで、何度も奇跡的な出来事を体験し、人生が豊かになりました。自分の欲得や世間体ではなく、誰かを守ろうと必死になって生きることで、おとぎ話に出てくるような魔法や奇跡は、本当に起こる。……今ではそのように確信しています。

発達障害児は集中力がないから読み聴かせは無理、と思われる方もいるかもしれません。が、私は、発達障害児だからこそ、昔話が良いと思っています。

大昔から伝わる話には、三回繰り返すというストーリー展開がよくあります。これは、理解力の弱い子どもに、話の筋道をちゃんと認識させるのに役立っているうえに、比較してちょっとずつ違う点を楽しんでいるのです。また、話の展開がダイナミックで、結果がすぐに出る単純明瞭なストーリー展開は、苦痛にならず全体像をつかみやすいのです。

そして、いつの時代にも通用する人間の良心や善悪、社会のルールも自然と身についていきます。「何度言っても分からない！」と、叱ってばかりいるよりも、たくさんの引き出しを創ってあげたほうがいいし、子どもは自分の行為を注意されるよりも、たとえ話のほうが受け入れやすいのです。大好きなお母さんから直接否定されるのは、

金

辛いことですね。「人の振り見て我が振り直せ」のほうがソフトで、反省をうながすことにもつながるのです。即効性はなくても、時間とともにじわじわと効いてきます。

昔話の主人公は貧しかったり、人から馬鹿にされたり、継母からいじめられたり、ほとんどが皆、不幸を背負っています。しかし、どんな困難が立ちはだかっていても、最後には必ず逆転します。「そんなこと、現実にはあり得ない」と誰もが思うでしょう。


ところがこれが、成功イメージにつながるのです。何度も何度も声に出して語っていると、マイナスなイメージの固定観念が覆されて、プラスのイメージが定着してきます。「めでたし、めでたし」は魔法の言葉ですね。魔法だけど、その前には『シンデレラ』のように灰にまみれて働き、いじめに耐えながらも、舞踏会の夢を諦めなかった、強い意志があったことを忘れてはなりません。

育てにくい発達障害児の子育ても大変で、母親は耐えることが多く辛いです。でも、ガミガミ叱らないでいられれば、それだけでもう子育ての半分は、クリア出来たようなものです。母親の精神状態が安定しているということは、それほど大切なことなのです。

昔話を生の声で伝えるという行為は、いつの頃からか絶えることなく、脈々と続けられてきました。それは人間が社会という形態を保っていく上で、大きな役割を果たしてきたのではないでしょうか。

近年ではメディアの発達とともに、その役割が危機に瀕《ひん》しているように感じられてなりません。私の子どもの頃にはもう既に昭和の高度成長期で、経済的には豊かでしたが、親たちは昔話を語ることをやめ、子どもたちはテレビ漬けになり、新しいストーリーを刷り込まれました。最近では、『スマホ子育て』という言葉まであるそうです。

その影響かどうかは分かりませんが、若者たちはずいぶんと、精神的に弱くなりました。学校や塾では点数を採るための勉強に価値が置かれ、生の声による言葉からの、本当の学力、本当の生きる力を得られてはいないように思います。ひきこもりやニートなど、昔では考えられない話です。親たちも子どもをどう育てたらいいのか、分からなくなっています。自然災害なども多い今日、厳しい現実を生き抜くためには、親は子に何を伝えていくべきなのでしょうか。

発達障害の子どもや若者は、心が傷つきやすく、その傷を癒やしてくれるのはファンタジーの世界です。それ自体は悪いことではないのですが、時として現実逃避をして、空想の世界から戻ってこられなくなると困ったことになります。ゲーム、アニメ、ネットの世界へ逃げ込んでしまうと、現実に戻るのがおっくうになってしまうのです。そのまま、不登校やひきこもりになってしまうなんてことも……。

それは、バーチャルの世界と現実の世界が似通っていて境目が分かりづらく、空想の世界のほうが居心地が良いからではないでしょうか。

一方、昔話の世界から戻ってこられなくなる子どもは、まずいません。

「むかし、むかし」という言葉は、「これは、現実の話ではありませんよ」という断りなのです。今ではないいつか、ここではないどこかへの、心の小旅行です。

「めでたし、めでたし、はい、おしまい」の言葉で子どもはちゃんと現実に戻ってきます。しかも傷が癒えて一回りたくましくなって、現実と向き合うことが出来るのです。そうやって、傷ついたり、傷を修復したり、現実と空想の世界を、上手に行ったり来たりしながら心が強くなっていく……我が子を見ていて、私はそのように思いました。

アスペルガー症候群と言えば人の気持ちを推し量ることが困難な障害ですが、その診断を受けた息子でさえ、さまざまな物語から人間関係を学んだせいか、めったに人とトラブルを起こしません。

何も問題がない訳ではありませんが、昔話の読み聴かせのおかげで、コミュニケーションの障害も、軽減していることは確かだと思います。それと同時に、自己肯定感と楽天的な思考が身について、困難に負けず、しかも発達をうながして能力もアップしました。母親の声ほど、子どもの生き抜こうとする本能を呼び覚ますものはないのでしょう。

今回、私が自分の子育ての体験を本にしたのも、そのことを皆さんに伝えたかったからです。もちろん、障害があるなしに関わりません。

もう既に読み聴かせの習慣がある方は、子ども自身が文字を読めるようになっても、出来るだけ長く続けてあげてほしいです。子どもが自分で読むのもいいですが、生の声には『愛』がこもっています。一生のうちでその時期しか出来ない親子のコミュニケーションの一つとして、ぜひやってあげてください。子どもの一生を司る、揺るぎない精神力の土台になることでしょう。

また、一つ一つの昔話には何通りもの解釈があり得ますが、どれが正しくて、どれが間違っているというものではないと思います。重要なのは自分で気付くということです。

「あっ」と気付いた瞬間に視界がサアッと開けます。小さい頃に聞いたお話が、大人になって困難に突き当たった時、

「そう言えば……」

とインスピレーションを与えてくれることもあるかもしれません。そんな時は同時

に自分が家族から愛されていたことを、誰もが思い出すに違いありません。息子は未だに、幼い頃の読み聴かせをおぼえていると言います。そして、

「あの頃は楽しかったねぇ」

としみじみと話します。その積み重ねが、大人になった息子の、人格の土台になっていると思うと「悔いなく子育てをやり終えた」と、私は充実感を覚えます。

記憶に残るおとぎ話は、世代から世代へと、生の声を通して手渡しされるものであってほしい。出来ればどの子にも……。昔話という民間伝承は、子どもの幸せを願う家庭の中にあってこそ花開く。世代から世代へ、声から声へのバトンのようなものだと、私は思います。そして、母親一人ではなかなか続けられない読み聴かせも、みんなで支え合っていけたら素晴らしいことだと思いませんか。私は、読み聴かせや朗読劇の指導を通して子どもたちの成長を支え、お母さんたちの思いに寄り添っていきたいと考えています。

「こんな子育て支援があったら……」それこそが、過去の自分の願いでもありました。

支え合えるコミュニティがあちこちにたくさん出来るといいですね。

子どもがたとえ発達障害であっても、子育てが喜びにあふれ、お母さんたちが「子どもを産んで良かった」と感じられるように、私も応援しています。

あとがき

私は発達障害児を育てた一人の母親に過ぎず、自分の子どものことしか分かりません。もしかしたら、よそのお子さんには当てはまらないかもしれません。でも、これを読んで「自分も子どもと一緒に読み聴かせを楽しんでみようかしら」「昔話を見直してみようかしら」と思われる方がいたら、とてもうれしく思います。

私は、自分は子育てに苦労したと思ってきましたが、よく思い出してみると、楽しい思い出がいっぱいありました。

執筆中に、私と同じような子育て経験のある、漫画家の杉尾尚子先生と巡り会いました。依頼をすると子育てのエピソードを描いていただき、皆さんにより分かりやすい形でお送りすることが出来ました。お力添えいただいたことに深く感謝しております。それから、朗読をご指導してくださっている劇作家・演出家の岡崎柾男先生にはご推薦をいただきました。

また、出版を勧めてくださった文芸社の越前さん、今井さん、編集の宮田さん、多くの方々のお力で出版が実現致しました。心から感謝しております。ありがとうございました。

二〇一八年一月

著者

著者プロフィール

森川 ひろ子（もりかわ ひろこ）

本名、森川浩子。

1961年生まれ、埼玉県在住。

地域での文庫活動の後、学習塾で軽度障害児への読書指導を経て、朗読アンサンブルれもんの会講師。

一般社団法人日本医療福祉教育コミュニケーション協会発達障害コミュニケーション初級認定指導者。

一般社団法人全国心理業連合会公認上級プロフェッショナル心理カウンセラー。

著書に『ありさちゃんとまほうのグランドピアノ』（2007年、文芸社刊）がある。

2017年、株式会社フルールを設立。

大宮ココロスペース『レモンの木』代表。

ホームページアドレス：https://www.lemon-tree-omiya.com/

本文・カバーイラスト

杉尾 尚子（すぎお なおこ） PN **杉尾 尚子**（すぎお ひさこ）

1957年生まれ、香川県出身、滋賀県在住。

1973年、集英社「りぼん」増刊号でデビュー。

1979年、国立徳島大学医学部栄養学科卒　管理栄養士国家資格取得。

1987年、レディースコミック分野で再デビュー。

以後、フリーでレディースコミックを中心に執筆。

（社会福祉法人）共生シンフォニー、くれおカレッジ食育講師。

趣味で箏（こと）三絃（さんげん）の演奏・指導を行う。生田流宮城社師範。

読み聴かせの奇跡 ――発達障害児の子育て

2018年 8 月15日　初版第 1 刷発行

著　者　森川 ひろ子
発行者　瓜谷 綱延
発行所　株式会社文芸社
〒160-0022　東京都新宿区新宿1－10－1
電話　03-5369-3060（代表）
03-5369-2299（販売）

印刷所　株式会社フクイン

ISBN978-4-286-18545-3